Egon Karl Walz

Monetäre Demokratie und Klimapolitik unter Berücksichtigung der Effizienz

Egon Karl Walz

Monetäre Demokratie und Klimapolitik unter Berücksichtigung der Effizienz

Rediroma-Verlag

Bibliografische Information der Deutschen Nationalbibliothek:
Die Deutsche Nationalbibliothek verzeichnet diese Publikation in der Deutschen Nationalbibliografie; detaillierte bibliografische Daten sind im Internet über http://portal.dnb.de abrufbar.

ISBN 978-3-96103-520-5

www.rediroma-verlag.de
9,95 Euro (D)

Für meinen Sohn

Inhaltsverzeichnis

1. Aufbau und Gliederung des Buches

Albert Einstein erhielt seinen Nobelpreis für den lichtelektrischen Effekt, der heute Basis der Solarzellen ist. Die Vergabe erfolgte nicht für die bereits experimentell bestätigte Relativitätstheorie[a]. Eine der Vorhersagen der Relativitätstheorie ist, dass die Zeit nicht absolut ist, sie also überall im Weltall nicht gleich verläuft. Diese vertraute *liebgewordene Selbstverständlichkeit* zur Disposition zu stellen, war zu gewagt. Bei den GPS-Navigationsgeräten, so wissen wir heute, wird berücksichtigt, dass die Uhren in den Satelliten anders laufen als hier auf der Erdoberfläche[b].

Auch das Konzept der monetären Demokratie stellt *liebgewordene Selbstverständlichkeiten* zur Disposition, siehe Kapitel 8. Das Konzept kann nicht aus mathematischen Axiomen sukzessive hergeleitet werden. Es ist aus unterschiedlichen Wissensbereichen begründet und kann als *‚sui generis‘* [c] gelten.

Es wird daher folgender Aufbau des Buches gewählt, der auch ein gezieltes Nachschlagen der komplexen Thematik ermöglichen soll. In Kapitel 2 ‚Grundkonzept der monetären Demokratie‘ wird mit konkreten möglichen Annahmen das Konzept durchgängig dargestellt. Dabei verweise ich auf Kapitel 3, in dem diese begründet und andere mögliche Ansätze erörtert werden.

Wer bei dieser Darstellung das Gefühl bekommt, dass die Einführung der monetären Demokratie an den komplexen zwischenstaatlichen Verflechtungen und den damit verbundenen Entscheidungsprozessen scheitern muss, der springe bitte zu Kapitel 6 (Einführung der monetären Demokratie), bevor er das Buch weglegt. Das Konzept kann sukzessive und stetig umgesetzt werden, da (fast) alle Elemente im Einzelnen bereits bewährt existieren.

---

[a] Näheres z.B. bei Wikipedia

[b] Für Interessierte: Zwillingsparadoxon

[c] Einzigartig in seinen Charakteristika

Wer die Theorie als zu ‚trocken‘ empfindet oder Einzelheiten nicht mag, kann direkt auf Kapitel 5 springen, in dem die phantastischen Möglichkeiten der monetären Demokratie an exemplarischen Beispielen gezeigt werden.

In Kapitel 7 (Klimapolitik) finden Sie eine an dieses Buch angepasste Fassung der vor 3 Jahren erstellten und vor 2 Jahren im Netz veröffentlichten Abhandlung ‚Monetäre Klimapolitik unter Berücksichtigung der Effizienz‘. In Kapitel 7.1 ‚These zur Klimapolitik‘ behaupte ich, dass die bisherigen Schritte und vorhandene Strukturen für eine effektive, weltweite Umwelt- und Klimapolitik unzureichend und notwendigerweise ergänzt werden müssen.

Dieses Buch richtet sich an politisch Verantwortliche und Interessierte sowie an die allgemeine Bevölkerung. In Kapitel 4 (Grundansichten) kann jeder selbst für sich prüfen, ob sein Weltbild sich mit meinem deckt.

Das Buch ist auch an Wissenschaftler unterschiedlichster Fachrichtungen gerichtet: von Volkswirtschaftlern, über Politikwissenschaftlern bis zu Soziologen. Ich fordere diese auf, mir zu widersprechen oder mich zu korrigieren. Für einen Diskurs, der zu einer sachkundigeren Fassung dieses Buches führen könnte, bin ich dankbar.

Auf die globale Herausforderung der exponentiell wachsenden Bevölkerung hat die monetäre Demokratie keine Antwort. Auf das Damoklesschwert des Turbokapitalismus sehe ich nur marginale Einflüsse.

Die monetäre Demokratie ist jedoch eine evolutionär einzuführende Ergänzung und liefert direkt einen zusätzlichen Ansatz für den Klima- und Umweltschutz, für den Erhalt und Ausbau nachhaltiger Infrastrukturen und zur Stabilisierung demokratischer Systeme. In diesem Sinne zitiere ich Simon Peres: Die Zukunft ist nicht die Fortsetzung der Vergangenheit.

2. Grundkonzept der monetären Demokratie

2.1 Übersicht und Ziele

Die monetäre Demokratie stellt eine Ergänzung zu staatlichen und überstaatlichen (insbesondere Europa-) Verfassungen dar. Dem Bürger wird die Möglichkeit der direkten Einflussnahme auf einen Teil der öffentlichen Haushalte gegeben, wobei jede Stimme gleich zählt.

Bei diesem Konzept werden auch Gelder generiert, wobei das Eigeninteresse und das Allgemeinwohl im Zentrum stehen und das Prinzip Gewinnmaximierung aufgegeben wird.

Das Eigeninteresse wird durch eine kapitalgedeckte Rente erfüllt. Der Bürger fördert die Projekte, die er am Dringendsten und Wichtigsten im Bereich der Klima- und Umweltschutz sowie Infrastruktur sieht.

Dabei werden Hemmnisse überwunden, die durch verschiedene öffentliche Zuständigkeiten entstehen. Die Subventions- und Förderpolitik kann neu geregelt und kontrolliert werden. Projekte in den Bereichen Umwelt und Infrastruktur können auch von Minderheiten initiiert und getragen werden. Das ‚Königsrecht' der Parlamente, über den Haushalt zu entscheiden, wird dabei nicht beschnitten, sondern die Parlamente werden entlastet.

Die monetäre Demokratie hat weitere positive Auswirkungen:

- Identifizierung der Menschen mit Europa und ihrer Heimat
- Minderung des Einflusses des Turbokapitalismus
- Effektiver Einsatz der Geldmittel und Reduzierung von Korruption
- Entfall von Wettbewerb zu öffentlich-privaten Partnerschaften (ÖPP), [englisch: PPP – Private Public Partnership]

- Langfristiges Angehen der Rentenproblematik
- Entlastung öffentlicher Haushalte

Aus dieser Kurzübersicht wird die Reichweite und Komplexität der monetären Demokratie deutlich. Dies verhindert jedoch nicht eine schrittweise Einführung, wie sie unter Kapitel 6 vorgeschlagen wird.

Wir erwarten mit dem Modell der monetären Demokratie einen DENK-ANSTOSS zu geben und zitieren in diesem Sinne Prof. Dr. Harald Heinrichs, Nachhaltigkeitsforscher und Soziologe, Leuphana Universität Lüneburg[1]: „Nachhaltiges Handeln und Entscheiden fängt beim Individuum an, aber das Individuum alleine wird nicht die Nachhaltigkeit in der Welt wirklich voranbringen können. Das funktioniert nur, wenn Menschen insgesamt sich verändern. Das funktioniert nur, wenn die Rahmenbedingungen sich verändern und wenn es Menschen leicht gemacht wird, ihre grundsätzliche Neigung zum nachhaltigen Handeln auch realisieren zu können.“

2.2 Geldfluss bei der monetären Demokratie

Im Mittelpunkt steht ein öffentlich garantierter, inflationsgeschützter Rentenfonds (siehe 3.1). Dieser Rentenfonds hat 3 Zuflüsse:

- vom Staat
- von Privatpersonen
- und von realisierten Projekten (siehe 2.3)

Die Höhe des Anteils des öffentlichen Haushaltes, über den die Bürger selbst bestimmen können, wird über einen monatlichen Grundbeitrag des Staates festgelegt. Für jede Teilnehmerin und Teilnehmer (siehe 3.2 – im Folgenden auch Privatpersonen genannt -) überweist der Staat (siehe 3.3) monatlich einen Grundbeitrag von – hier angenommen - 10 € (siehe 3.4) in den Rentenfonds.

Privatpersonen können durch einen Sparplan oder durch eine Einmalzahlung begrenzt in den Rentenfonds investieren (siehe 3.5) und erhöhen damit ihre Rentenansprüche (siehe 3.6).

Durch einen monatlichen Abgleich zwischen Geldzu- und –abflüssen und den Stimmabgaben der Bürger wird entschieden, welche Projekte finanziert und freigegeben werden (siehe 2.6).

2.3 Projektarten

2.3.1 Projektarten nach dem Kapitalfluss

- Projekt mit regelmäßigem Rückfluss (‚Gelddruckmaschinen‘)

  Beispiel: Windkraftanlagen, Mautstraßen, Netze

  Die Gesetze des Kapitalismus schreiben vor, dass sich Investitionen rentieren müssen, d.h. Gewinnmaximierung oder eine gut verzinsliche Anlage. Als Beispiel dienen die Stromnetze in Deutschland. Die Kapitalanleger erhalten einen ausreichenden Profit, der durch die Netzentgeltzahlungen der Verbraucher aufgebracht wird. Wir geben hier bei der monetären Demokratie das Prinzip der Gewinnmaximierung auf und können daher Projekte realisieren, die wir als Grundversorgung durch den Staat ansehen. Das ist ein Argument, dass öffentlich private Partnerschaften entfallen können.

- Projekte mit verzinsten Rückzahlungen (‚Projekte auf Kredit‘)

  Beispiel: Energetische Sanierung von Häusern

  Die energetische Sanierung wird vollständig von der monetären Demokratie finanziert. Der Eigentümer eines Hauses hat keinerlei finanzielle zusätzliche Belastung. Die Rückzahlung der Investitionssumme erfolgt verzinst durch die Einsparung der bezogenen Energien über die Jahre hinweg. Haben die Einsparungen den erhaltenen Investitionsbedarf ausgeglichen, so profitiert der

Hauseigentümer danach von den geringeren Energiekosten. Somit werden Förderprogramme des Staates hinfällig, ein Hauseigentümer entkommt einem Kreditrisiko und ein wesentlicher Schritt zur Erreichung der Klimaziele kann sofort umgesetzt werden.

- Projekte mit Finanzcharakter (sogenannte ‚Anlagen')

  Beispiel: Aktienankauf nachhaltig wirtschaftender Unternehmen und bestehender Unternehmen im Energiesektor z.B. Stromnetze, Windanlagen usw.

  Solche Anlagen haben mehrere Vorteile und Auswirkungen.

  Nachhaltig und sozial wirtschaftende Unternehmen haben in der Regel höhere Kosten als profitorientierte Firmen. Durch den Kapitalzufluss ist es auch bei geringerer Rendite möglich, dass solche Firmen expandieren und ihre positiv gestalteten Produkte dem Markt anbieten können. Sie werden daher vor einem ruinösen Wettbewerb kapitalstarker Unternehmen geschützt.

  Aktienankäufe an Unternehmen, wie Stromnetze, Solarkraftwerke usw., stabilisieren zum einen diese Firmen. Zum anderen erzielen diese Unternehmen einen über Jahrzehnte zu prognostizierenden realen Gewinn. Damit werden die durch die EEG-Umlage von dem ‚kleinen Mann' gezahlten Beiträge automatisch in dessen eigene Rentenansprüche übertragen.

- Projekte ohne Kapitalrückfluss (‚Projektunterstützung')

  z. B. Brückensanierung, Grob- oder Feinplanung eines Projektes, Kläranlage in Indien. Diese Arten von Projekten dienen zur Wartung und Instandhaltung von Infrastrukturen und einem Teil der Entwicklungshilfe, die klima- oder umweltpolitisch von den Bürgern gewollt wird.

2.3.2 Einzelprojekte und Programme

Ein weiteres Kriterium zur Unterscheidung von Projektarten ist ein Einzelprojekt oder ein Projekt, das im Rahmen eines Programmes abläuft. Diese Unterscheidung ist bei der Genehmigung und Freigabe von Bedeutung. Hierzu zählen z.B. Programme für Häuserdämmung, Solarzellen, Sonnenöfen.

2.3.3 Spezifische nationale Projekte

Als Projektthemen wurden bisher Umwelt, Klima und Infrastruktur genannt. Verantwortliche Parlamente können weitere Projektthemen über den Rentenfonds finanzieren lassen. Dies ist wesentlich von den bestehenden Fördermaßnahmen innerhalb eines Staates abhängig. Als Beispiel sei für Deutschland die Förderung mit ISEK (Integriertes Stadtentwicklungskonzept) genannt, angefangen von einer vollständigen Finanzierung des Monitorings über Evaluation bis zur Umsetzung einer Fördermaßnahme.

2.3.4 Projekte der Entwicklungshilfe

Die deutsche Entwicklungshilfepolitik hat sich über die letzten Jahrzehnte je nach Regierungskoalition geändert. Heute will man Firmen anregen, in afrikanischen Ländern zu investieren. Damit sollen Arbeitsplätze geschaffen werden. Energetische Einzelprojekte wie z.B. Windanlagen und Solarkraftwerke könnten nach Planung und Verantwortlichkeit des Ursprungslandes auch über den Rentenfonds finanziert werden. Hierbei können auch Gesetzesänderungen im Land notwendig werden, um die Kriterien eines Projektantrages zu erfüllen. Dies war z.B. in Nigeria der Fall.[2] Da eine Transparenz gefordert ist, kann die von der Deutschen Entwicklungshilfe beklagte Korruption minimiert werden.

Auch Infrastrukturmaßnahmen können durch die Abstimmungen der Teilnehmerinnen und Teilnehmer in anderen Ländern gefördert werden. Die Entscheidung, an wen Finanzmittel gehen, hängt sehr stark von den Berichterstattungen der Journalisten ab. Staaten, die die demokratischen Werte nicht vertreten oder Menschenrechte verletzen, erhalten von der europäischen Bevölkerung wohl keine finanziellen Hilfen. Dies kann, mangels Wahlstimmen, als ‚Bestrafung' verstanden werden, wie es die experimentelle Wirtschaftsforschung beschreibt[3].

2.3.5 Eigentums- und Besitzverhältnisse von Projekten

Hier gibt es keine Einschränkungen. Straßen, öffentliche Verkehrsmittel sind im Eigentum der öffentlichen Hand. Windparks können im Eigentum von Aktiengesellschaften, Genossenschaften oder von Privatpersonen stehen. Energetische Haussanierungen sind bei unterschiedlichsten Eigentümern möglich. Wichtig für die monetäre Demokratie sind die Benennung der Projektverantwortlichen und die Verantwortlichkeiten für den Unterhalt und der Wartung des Projektes.

Ist ein Projekt teilfinanziert und der Antragsteller muss aus unterschiedlichen Gründen den Antrag zurückziehen oder das Projekt wird aus politischen Gründen vom Parlament gestoppt, so fließen die bereits geflossenen Gelder für dieses Projekt in das Projekt mit Finanzcharakter. Damit wird die nachhaltig arbeitende Wirtschaft gestützt.

Unter Vorwegnahme der vorgeschlagenen Klimapolitik unter Berücksichtigung der Effizienz (Kapitel 7) ist für die Statistik und Datenerhebung eine Kennzeichnung der Projekte in Klimaprojekte, Umweltschutzprojekte und Infrastrukturprojekte mit eventuell weiteren Unterteilungen (Straßen, alternative Mobilität, Digitalisierung usw.) sinnvoll.

2.4 Infrastruktur der monetären Demokratie

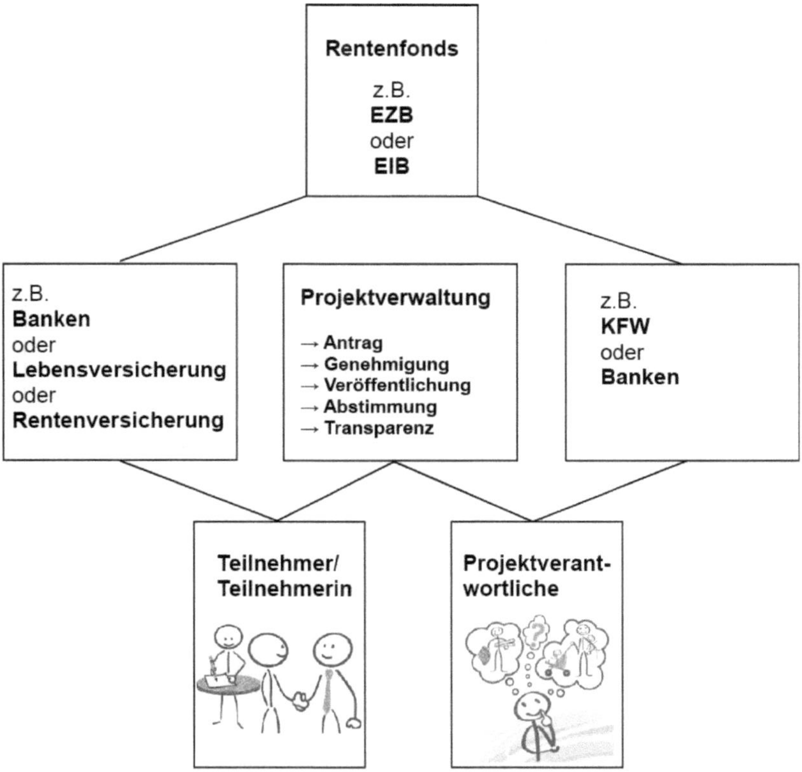

Für die Umsetzung der monetären Demokratie sehe ich für den Geld- und Informationsfluss 4 große Akteure. Das Geld des Rentenfonds kann für Europa bei der Europäischen Investitionsbank (EIB) liegen. Sie hat bereits beim Juncker-Plan 2015 den Struktur- und Investitionsfonds (ESIF) und andere Fonds verwaltet.

Auf der rechten Seite des Diagramms, der Projektseite, sehe ich Institutionen, die im Kreditgeschäft Erfahrung haben. Dies sind z.B. die Europäische Investitionsbank EIB, die Kreditanstalt für Wiederaufbau (KfW),

Landesbanken oder Geschäftsbanken. Diese erhalten nach der Freigabe vom Rentenfonds die entsprechenden Kapitalien, um die konkrete Abwicklung mit den Projektverantwortlichen durchzuführen.

Auf der linken Seite des Diagramms, den Bürgern, sehe ich Institutionen, die direkten Kontakt zu den Teilnehmerinnen und Teilnehmern haben. Bei diesen sind die personenbezogenen Daten über die Kapitalien gespeichert. Hierüber erfolgen die zusätzlichen Einzahlungen der Privatpersonen, die Berechnung der Rentenansprüche und deren Abwicklung mit dem Rentenfonds.

Im Zentrum steht ein Rechenzentrum für die Projekte. Hier werden Projektanträge gespeichert, genehmigt, veröffentlicht, die Abstimmung durch die Bürger vorgenommen sowie die Transparenz für die Projekte gewährleistet. Dieses Rechenzentrum könnte bei der Behörde für die Verwaltung der Projekte installiert werden.

Damit hat der Bürger zwei Anlaufstellen:

- Seine eventuell vorhandene Bankverbindung oder Lebensversicherung, für Einzahlungen und Rentenzahlungen, sowie die Auskunft seiner angelegten Kapitalien.
- Er hat Zugriff auf das Rechenzentrum für Projekte. Er kann dort die genehmigten Projekte einsehen, seine Abstimmung durchführen und erhält die Transparenz der Projekte.

Ein Projektverantwortlicher hat ebenfalls nur zwei Anlaufstellen, nämlich Behörde zur Verwaltung von Projekten sowie seine Bank, mit der er die finanzielle Abwicklung erledigt. Natürlich sind personenbezogene Daten zwischen den Rechenzentren abzugleichen und auf Datenschutz zu achten.

2.5 Vom Projektantrag bis zur Veröffentlichung

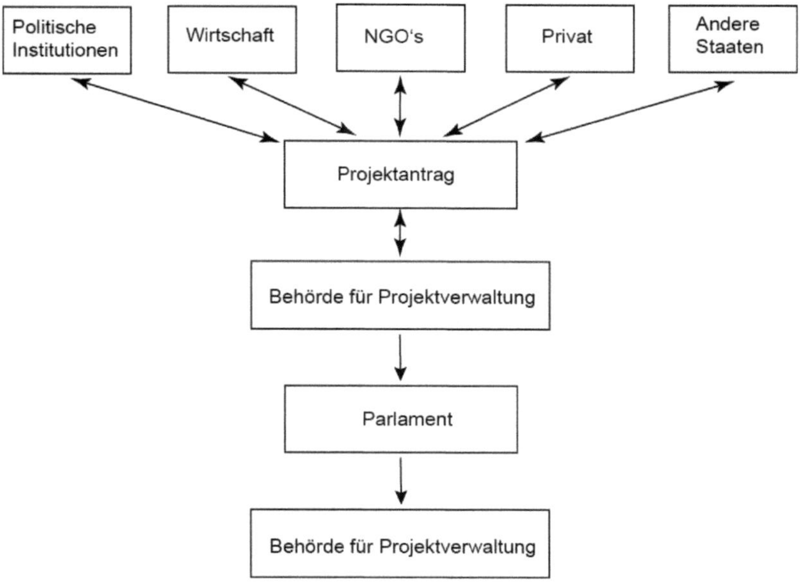

Aus unterschiedlichen Bereichen können Projektanträge gestellt werden. Hierzu gehören politische Institutionen, Parlamente, Gemeinderäte, Wirtschaft, NGOs (nicht Regierungsorganisationen), Privatleute oder auch anderen Staaten. Die Projektanträge müssen bestimmte Kriterien erfüllen, nämlich den Zielen der monetären Demokratie, also Klima- und Umweltschutz sowie Infrastrukturmaßnahmen. Daneben müssen die Anträge derartig aufbereitet sein, dass sie zur Abstimmung geleitet werden können. Bei Großprojekten gehört eine Feinplanung dazu, um grobe Fehler, wie sie bei dem Flughafen Berlin BER vorkamen, zu verhindern[4].

Gestaltungsvorschläge gibt es in der freien Wirtschaft und bei staatlichen Förderprogrammen ausreichend. Ich verweise z.B. auf die Veröffentlichung des Bundesministeriums für Umwelt, Naturschutz und Reaktorsicherheit als Arbeitshilfe für Kommunen für das Projekt ISEK (Integriertes Stadtentwicklungskonzept). Dort findet man unter 3.6, wie Kosten und Finanzierungsübersichten oder wie Planungen dargestellt werden können. Bei dem Abschnitt ‚Erfolgsfaktoren' steht ein Grundprinzip der monetären Demokratie: „Erfolge sollten frühzeitig und sichtbar kommuniziert werden." Unter 4.1 steht zu lesen, dass die Umsetzung eines Programms nach ISEK hohe personelle Anforderungen an die Verantwortlichen Akteure stellt. Bei der monetären Demokratie ist zusätzlich zu erwähnen, dass Rechtssicherheit gefordert ist. Dies bedeutet insbesondere bei Staaten, mit denen die Europäische Union keine tragfähigen Handelsvertrage geschlossen hat, dass über den Geldfluss unterrichtet wird und verantwortliche Institutionen (NGOs, UNO ...) und Projektverantwortliche namentlich genannt werden.

Entgegen der Finanzierung in Deutschland und Europa werden bei der monetären Demokratie die Projekte vollständig finanziert. In Deutschland gewährt der Bund den Ländern Finanzhilfe gemäß § 104 b Grundgesetz, die durch Mittel der Länder und Kommunen ergänzt werden. Bei Einführung der monetären Demokratie entfallen daher ein hoher Bürokratie- und Verwaltungsaufwand sowie ein ‚Kompetenzgerangel'. Bei Subventionen werden dadurch Projekte vermieden, die keinen Nutzen mit sich bringen, siehe hierzu Kapitel 4.10.

Die Projektanträge werden bei der Behörde zur Verwaltung der Projekte eingereicht. Hier könnte die EIB oder KfW eingebunden werden. Ist der Projektantrag vollständig und wird der Projektantrag positiv beschieden, geht er in das zuständige Parlament, für mich das Europäische Parlament.

Das Parlament hat die Möglichkeit, einzelne Projekte abzulehnen. Dies kann aus politischen und ethischen Motiven erfolgen. Die generelle Zustimmung ist bereits dadurch erfüllt, dass die Behörde für die Verwaltung der Projekte die Projektanträge nach der Vorprüfung an das Parlament weitergereicht haben. Sind die Projekte vom Parlament genehmigt, werden sie an die Behörde für Verwaltung der Projekte zurückgereicht, die die weitere bürokratische Bearbeitung bis zur Veröffentlichung im Netz durchführt.

2.6 Abstimmung und Finanzierung der Projekte

Der Kernpunkt der monetären Demokratie ist die Bürgerbeteiligung durch Wahlen und Abstimmungen. Monatlich wird die Höhe des frei zur Verfügung stehenden und zu verteilenden Kapitals (siehe Kapitel 3.10) sowie der noch fehlende Kapitalbedarf jedes Projektes (siehe Kapitel 3.9) berechnet.

Stimmberechtigt ist jede Privatperson, falls ihr Staat den Grundbetrag laut Kapitel 3.4 leistet. Jede Privatperson hat 3 Stimmen, wobei eine Kumulierung möglich ist. Damit ist den Menschen gestattet, unterschiedliche Schwerpunkte zu legen und die Fortschritte der gewählten Projekte genauer zu verfolgen.

Wie bei einer politischen Wahl, die alle 4 bis 5 Jahre stattfindet, gibt es unterschiedliches Wählerverhalten. Es gibt Wähler, die regelmäßig zur Wahl gehen und dies als Bürgerpflicht empfinden. Sie sind auch nicht erpicht, regelmäßig zur Wahl verpflichtet zu werden, siehe hierzu auch Kapitel. 4.17 ‚Überforderung des Menschen in der heutigen Zeit'. Sodann gibt es engagierte Bürger, die regelmäßig nachsehen wollen, wie sich Projekte entwickeln und entsprechend abstimmen. Dieses unterschiedliche Abstimmungsverhalten wird bei der monetären Demokratie berücksichtigt.

Jeden Monat kann ein Bürger seine Stimme erneut einem anderen Projekt zuordnen, falls dies gewünscht wird. Anderenfalls gibt es Projekte, die vom Bürger unbedingt realisiert werden wollen und deren Finanzierung gesichert sein muss. Hierfür kann einem Projekt eine oder alle drei Stimmen *verpflichtend* zugeordnet werden. Dies bedeutet, dass er seine Stimme bis zur vollständigen Finanzierung des Projektes nicht mehr ändern kann. Für den Projektverantwortlichen ist es dann möglich, das Projekt früher zu beginnen, da die Finanzierung über Staatsbeiträge gesichert ist (siehe Beispiel in Kapitel 5.1).

Ein Teilnehmer hat also mit seinen Stimmabgaben folgende Möglichkeiten:

- Er kann mehrere Projekte unterschiedlichster Natur fördern, er hat eine Wahlfreiheit

- Er kann seine Stimme für längere Zeit einem Projekt zuordnen, das z.B. ein Programm darstellt oder eine längere Zeit zur Realisierung benötigt.

- Er kann seine Geldzuwendung einem Projekt verpflichtend zuordnen. Damit verhilft er den Projektverantwortlichen zu einer zeitnahen Finanzplanung.

Die Stimmen von Nichtwählern oder die Stimmen von Wählern, die weniger als 3 Stimmen abgaben, werden bei dieser Zuordnung nicht berücksichtigt. Sie werden von dem Staat verteilt, der den Grundbeitrag überwiesen hat (siehe 3.9).

Zusätzlich kann jede Teilnehmerin und jeder Teilnehmer Kapital in den Rentenfonds einzahlen. Hierzu bestehen folgende Möglichkeiten:

- Das Kapital kann direkt einem oder aufgeteilt mehreren Projekten zugeordnet werden. Damit reduziert sich der Kapitalbedarf für ein Projekt.

- Die Teilnehmerin bzw. Teilnehmer will sich nicht für ein Projekt entscheiden. Dann kann die Stimme als ‚nicht zugeordnet' gekennzeichnet werden. Das Geld fließt dann in das zur Finanzierung der Projekte zu verteilende Kapital. Damit erhöht sich der monatliche Wert der Stimmen.

- Ergänzt wird die Möglichkeit durch das Projekt mit Finanzcharakter (Anlagen). Dieses Projekt wird von einem Fondsmanager verwaltet, der durch Ethikkriterien (siehe Kap. 3.1 erster Absatz) die nachhaltige Wirtschaft stärkt.

Jeden Monat wird der Wert einer Stimme neu berechnet. Hierzu teilt man das frei zur Verfügung stehende Kapital durch die Anzahl der gültigen Stimmen. Sodann wird jedem Projekt der Wert aller für das Projekt abgegebenen Stimmen zugeordnet. Erreicht die Summe aller einem Projekt zugeordneten Stimmen den Kapitalbedarf, so ist das Projekt finanziert und kann freigegeben werden, siehe Zahlenbeispiel unter den Kapiteln 3.9 und 3.10 sowie das exemplarische Beispiel unter 5.1.

Sinnvoll ist auch eine zeitliche Befristung von Projekten. Projekte, die z.B. zwei Jahre lang keine Stimme erhalten, werden von der Bevölkerung nicht unterstützt und sind zu streichen. Ein neuer Antrag für solche Projekte ist natürlich möglich. Bereits zugewiesene Kapitalien sind dann dem Projekt mit Finanzcharakter zuzuordnen.

Bei der Fülle der Projekte ist für die Teilnehmerinnen und Teilnehmer die Suche nach Projekten einfach zu gestalten. Eine Gliederung nach Projektarten- und Zielen wie Umweltschutz, Infrastruktur, Entwicklungshilfe usw. ist sinnvoll. Gleichzeitig können Filter nach unterschiedlichen Kriterien zusätzlich eingebaut werden, wie Staat, Grad der Finanzierung, Projektart usw. Ebenfalls sind Algorithmen denkbar, wie sie bei Online-Warenhäusern benutzt werden, z.B. Häufigkeit einer Themenwahl bis zu einer künstlichen Intelligenz, die Vorschläge unterbreiten und begründen kann. Eine standardisierte und transparente Projektbeschreibung ist für die Handhabung wichtig.

Diese Vorgehensweise der Abstimmung und Finanzierung der Projekte eröffnet vielfältige Möglichkeiten kleinerer betroffener Gruppen, also Minderheiten, die Welt konkreter zu gestalten. Dies wird an exemplarischen Beispielen in Kapitel 5 vorgestellt.

2.7 Projektumsetzung und Transparenz

Ein Projekt ist finanziert, wenn

- Gelder entsprechend dem Kapitalbedarf für das Projekt zugeordnet wurden,
- verbindliche Zuordnungen zu einem Projekt, sei es vom Staat, sei es von Privatpersonen. Entsprechend der Finanzplanung können früher Teilaufträge mit Abschlagszahlungen vergeben werden.

Für jedes Projekt gibt es einen oder mehrere Personen, die für die Transparenz sich verantwortlich zeigen. Dies bedeutet, entsprechend der Größe eines Projektes, dass eine regelmäßige oder anlassbezogene Rückmeldung in die Datenbank der Projekte zu erfolgen hat. Die Fertigstellung eines Projektes ist zu veröffentlichen. Eine Nachkalkulation, wie es bereits heute an die Kreditinstitute gemacht wird, ist beizufügen. Dies ist ein wirkungsvolles Mittel gegen Korruption. Bei den Projektarten mit Kapitalrückfluss sind nach Fertigstellung mindestens jährliche Informationen zu veröffentlichen.

Für die Transparenz eines Projektes können neben einer standardisierten Projektbeschreibung, die veröffentlicht ist, unterstützend wirken:

- FAQs
- Frage-/Antwortmöglichkeit
- Ein Link, um negative Erfahrungen zu dieser Art von Projekt den Wählern zukommen zu lassen.

  Dieser letzte Punkt ist bei umstrittener Technik oder bei bekannten Vergehen der Projektverantwortlichen sinnvoll. Damit erfolgt im Sinne der experimentellen Wirtschaftstheorie eine Bestrafung.

Für die Transparenz und Kontrolle der Projekte wirken bisherige Institutionen mit, wie das zuständige Gremium des europäischen Parlaments oder die (zu installierende) europäische Staatsanwaltschaft gegen Subventionsbetrug[5]. Hinzu kommen die vielen Teilnehmerinnen und Teilnehmer, die ein riesiges Potential aus unterschiedlichsten Fachrichtungen darstellen. Die investigative Presse ist zur Aufdeckung von Fehlentwicklungen ebenfalls aufgerufen.

Bei offensichtlichen Differenzen zwischen Projektantrag und Projektumsetzung können Projektverantwortliche um Stellungnahme aufgefordert werden. Erfolgt keine zufriedenstellende Antwort, so kann eine Rechtsabteilung eingeschaltet werden. Dort wird über ein weiteres Vorgehen entschieden. Die Kosten der Rechtsabteilung werden vom gesamten Rententopf getragen. Damit erhalten auch kleinere Projekte einen Rechtsschutz, auch wenn die Kosten dies nicht zu rechtfertigen scheinen.

Bei jedem Projekt können größere Schwierigkeiten entstehen, die den Rahmen der beantragten Investitionssumme wesentlich überschreiten. In diesem Falle ist ein Nachtragshaushalt zu bewilligen. Das zuständige Parlament hat hier die Möglichkeit, einen generellen Stopp des Projektes zu verlangen oder eine positive Entscheidung begründet der Öffentlichkeit vorzustellen. Ein Baustopp des Projektes kann durch direkte Garantieübernahme des Staates verhindert werden. Eine sofortige Finanzierung kann erfolgen, indem der Staat die Grundbeiträge der Nichtwählerstimmen im nächsten Monat direkt diesem Projekt zuordnet.

Eine weitere Transparenz betrifft die technische Umsetzung. Bei Projekten der Häuserdämmung erfolgt eine Finanzierung durch die Einsparung der primären Energien. Wie bei einem wissenschaftlichen Projekt können hier Standards entstehen, die die Quantifizierung und die Messung derartiger Energieeinsparungen betreffen. Weiterer technischer Wissensaustausch kann über andere Themen erfolgen. Hierzu gehören Erfahrungen mit Beton und Karbon, Biokläranlagen und Kanalisation in Entwicklungsländern, Sonnenkraftwerke usw. Eine Internetplattform wäre eine wirkungsvolle Unterstützung.

Die Transparenz ist eine wesentliche Voraussetzung für eine Entscheidung, welches Projekt von den Teilnehmerinnen und Teilnehmern gewählt wird. Prof. Dr. Mausfeld zitiert die Untersuchungen von zwei renommierten Politologen so zusammen[6]: „Die öffentliche Meinung und das Verhalten der Wähler sind, bezogen auf die ihnen zur Verfügung gestellten Informationen, verständlich, vertretbar und somit in diesem Sinne rational. ... Unter der Voraussetzung, dass alle relevanten Informationen zur Verfügung stehen, hat die Öffentlichkeit als Kollektiv die Befähigung zu regieren. ... Der Kern der Demokratie ist, die Informationen müssen zur Verfügung stehen und die Bürger müssen eine Möglichkeit haben, diese Dinge zu debattieren."

Diese Erkenntnis ist eine Aufforderung an die Presse, an den investigativen Journalismus, die einzelnen Projekte kritisch zu begleiten. Die Aufforderung geht auch an die Techniker, positive und negative Folgen einer technischen Lösung der Bevölkerung kundtun zu können. Deshalb ist bei der EDV-Realisierung im Internet die Möglichkeit zwingend vorzusehen, dass ein inhaltlich relevanter Kommentar allen zugänglich gemacht wird. In wieweit eine ‚Clearing-Stelle' einzuführen ist, die sich widersprechende Kommentare zusammenführt, oder dass die Stelle Shitstorm verhindert, muss die Erfahrung zeigen.

3. Begründung und Diskurs zu den Annahmen

3.1 Zum Rentenfonds

Staatliche Rentenfonds gibt es bereits in unterschiedlichsten Ländern. Die größte Pensionskasse Europas, die gleichzeitig die fünftgrößte Pensionskasse weltweit ist, verwaltet 419 Mrd. USD und gehört den Niederlanden[a] [7]. Dieser investiert in alle Anlageklassen von Anleihen, Aktien, Immobilien und auch Hedgefonds. Die Pensionskasse der USA[b] ist mit 2.789 Mrd. USD die größte Pensionskasse. Auch Staatsfonds dienen dazu, Menschen im Alter abzusichern. Der größte gehört Norwegen und ist 825 Mrd. USD schwer[c]. Mit der Einrichtung von Staatsfonds ist neben der Versorgung und Absicherung der Bevölkerung auch ein strategisches politisches Handeln möglich. So können inländische (bzw. europäische) Firmen durch politischen Entscheid vor einer Zwangsübernahme eines ausländischen Investors geschützt werden.

Mittlerweile haben Fonds auch auf öffentlichen Druck Kriterienlisten erstellt, die Firmen bevorzugen, die nach ethischen und nachhaltigen Grundsätzen wirtschaften. Es gibt aktive und passive Charakterisierungen von Nachhaltigkeitsfonds. Vorreiter ist hier Norges Invest.

Der Rentenfonds der monetären Demokratie soll nur gering verzinst werden, z.B. mit 0,5 %, jedoch inflationsgesichert. In Deutschland ist in Gegensatz zu Frankreich die Nachfrage nach inflationsgesicherten Staatsanleihen gering. Trotzdem ist der Mechanismus geringer Verzinsung und Inflationsschutz bekannt und eingeführt. Die vergüteten Zinsen berechnen sich auf Basis des inflationsbedingten Werts der aktuellen Einlagen, und zwar monatlich.

---

[a] Stichting Pensioenfonds ABP

[b] Social Security Trust Fund

[c] Norges Invest

3.2 Teilnehmerinnen und Teilnehmer

Darunter verstehen wir eine natürliche Person, die durch eine Steuernummer und / oder eine Sozialversicherungsnummer der Rente in ihrem Staat eindeutig identifiziert ist und das 16. Lebensjahr vollendet hat. Dies sollten alle Wahlberechtigten bei politischen Wahlen sein, zuzüglich der Jugendlichen über 16 Jahren.

Jugendliche sollen aktiv an der monetären Demokratie teilnehmen können, wie es in Kapitel 4.14 beschrieben ist. Rein rechtlich handelt es sich bei 10 € im Monat um Taschengeldbeträge, über die die Jugendlichen eigenverantwortlich bestimmen können.

Auch Privatpersonen, die bereits einen Rentenanspruch haben bzw. Rente/Pensionen erhalten, sind mit einzubeziehen. Es handelt sich darum, dass mit den 10 € das Recht verknüpft ist, über die Ausgaben des Staatshaushaltes mitzubestimmen. Es handelt sich nicht um einen Vermögensaufbau, sondern die Rente wird um diesen Betrag erhöht.

3.3 Zum Staat

Zu einem Staat gehören alle Personen, die seine Staatsbürgerschaft besitzen oder ein regionales Wahlrecht haben und im nationalen gesetzlichen Sozialversicherungssystem gemeldet sind.

Mit der Überweisung des Beitrages für jeden Bürger in den Rentenfond wird zum einen der Staatshaushalt belastet. Zum anderen werden Projekte damit finanziert, die normalerweise im Haushalt berücksichtigt sind bzw. wozu sich der Staat international verpflichtet hat (z.B. Entwicklungshilfe). Selbstverständlich sind Abstimmungen zwischen den in den Rentenfonds zu finanzierenden Projekten und den im Haushalt zu verbleibenden Projekten notwendig, siehe auch 4.16 Öffentliche Haushalte.

Im Bundeshaushalt für Deutschland für das Jahr 2019[8] werden 40,4 % des Haushaltes von 356,8 Mrd. € für das Resort Arbeit und Soziales vorgesehen, wobei das meiste Geld Rentner und Arbeitslose erhalten.

Der hier vorgesehene Betrag von 10 € kann als Teil dieses Resorts oder als ein Teil der Entwicklungshilfe angesehen werden. Siehe Zahlenbeispiel unter Kapitel 3.4. In Deutschland überweist bereits heute der Staat mit vermögenswirksamen Leistungen oder Riester-Beiträgen Gelder an seine Bürger. Diese können nach Einführung der monetären Demokratie entfallen oder angepasst werden. Einige Bundesländer legen für ihre Landesbeamten Gelder zurück, um die künftigen Pensionsansprüche erfüllen zu können. Diese könnten in den Rentenfonds fließen, um nicht am freien Kapitalmarkt mit den bekannten negativen Folgen (siehe 4.6) investiert werden zu müssen.

Für Steuerzahler in Deutschland könnten die 10 € als Pflichtbeitrag zur kapitalgedeckten Rente angesehen werden, wie es die schwedische Altersversorgung vormacht (siehe 4.11). Für die Leistungsempfänger der Sozialträger wäre es eine Mehrwertsteuerentlastung bei einem Einkaufswert von knapp über 50 €.

Die monetäre Demokratie soll und kann mittelfristig die Subventions- und Fördermittelpolitik ersetzen. Damit erfolgt eine Umstrukturierung der Zuständigkeiten zwischen Gemeinden, Kreis, Land, Bund oder Europa hin zu der Bevölkerung. Entsprechend den Erfahrungen gilt es, die öffentlichen Finanzplanungen durch eine Änderung des Grundbeitrags von 10 € über die Jahre hinweg anzupassen.

3.4 Die Höhe des Betrages von 10 EURO

Bei dem angenommenen Grundbeitrag von 10 € kommt man bei ca. 70 Mio. Teilnehmerinnen und Teilnehmer in Deutschland auf einen jährlichen Betrag von 8,4 Mrd. €. Dies entspricht ca. 2,35 % des Bundeshaushaltes 2019 in Deutschland. Ich plädiere für eine Einführung europaweit und kopple den Grundbeitrag an das Bruttoinlandsprodukt (BIP), wie bei der Entwicklungshilfe. Die Ziele der UNO von 1970 waren 0,7 % des BIP[a]. Nehme ich für Deutschland den monatlichen Grundbetrag von

[a] Spiegel online vom 11.04.2017

10 €, so ergibt sich mit den zugrunde gelegten Daten[a] nur 0,26 % des BIPs, also weniger als die Hälfte des Prozentsatzes von 0,7% für die Entwicklungshilfe. Für exemplarisch ausgewählte Länder ergibt sich folgende Übersicht:

	Teil-nehmer in Mio.	**BIP in Mrd. USD**	**mtl. Grundbeitrag je Teilnehmer in EUR**
Bulgarien	6	57	1-2
Deutschland	70	3685	10,0
Frankreich	55	2584	8-10
Griechenland	9,5	201	3-5
Italien	50	1937	7-8
Niederlande	15	825	10-11
Österreich	7,5	417	10-11
Polen	30	525	3-4
Rumänien	17	211	2-3
Ungarn	8	152	3-4

Größere Unterschiede gibt es bei den Staaten, die die Nettoempfänger der Subventionen in Europa sind. Dies kann bei der Einführung der monetären Demokratie in Europa berücksichtigt werden (siehe 6.4). Kritik könnte derart aufkommen, dass die Stimmen der Bürgerinnen und Bür-

[a] Aus Wikipedia; Teilnehmer Bevölkerung abzüglich groben 10 – 15 % für Kinder bis 16 Jahren, BIP mit Umrechnung von 0,88 EUR / USD

ger aus ärmeren Ländern geringeres Gewicht haben als die Stimmen aus wirtschaftlich starken Staaten. Dies kann damit begründet werden, dass die Kosten von Infrastrukturmaßnahmen in diesen Ländern günstiger zu realisieren sind. Auch könnte vereinbart werden, dass die Differenz zu den höchsten Beitragssätzen bei den bestehenden Subventionen für diese Länder angerechnet wird. Hier ist ein politischer Entscheidungsprozess einzufordern.

3.5 Zusätzliche Zahlungen von Privatpersonen

Der heutige Kapitalmarkt ist durch die Politik der europäischen Zentralbank durch billiges Geld geprägt.

In 2014 bestand ein Geldvermögen in Deutschland über 5.000 Mrd. €, davon 39,1 % Bargeld und Einlagen, 31,1 % Versicherungen und Altersvorsorge, 22,1 % Aktienanleihen und Fonds[9]. Im 2. Quartal 2018 betrug das Geldvermögen bereits 5.977 Mrd. €[a]. Die Lebensversicherungen hatten 2015 ein Volumen von 1.500 Mrd. € in Deutschland, in Frankreich 1.800 Mrd. €[b].

Der Rentenfonds der monetären Demokratie ist und bleibt vom Charakter her ein personenbezogener Fonds für kapitalgedeckte Renten. Investoren und Vermögensgesellschaften sind ausgeschlossen. Wir übernehmen daher die bewährten Einzahlungsmöglichkeiten bei Lebensversicherungen und Sparbüchern:

- ein regelmäßiger Sparplan, wobei Aussetzungszeiten möglich sein müssen
- Einmalzahlungen ab einem Mindestbeitrag von 50 €.

Im Gegensatz zu einer Riester-Förderung sind die eingezahlten Beiträge ausschließlich für Rentenzahlungen gedacht. Es ist also eine (vollständi-

[a] ZDF: Quelle dpa und Deutsche Bundesbank

[b] Mittagsmagazin ARD 01.12.2015

ge) Rückzahlung, z.B. zur Finanzierung einer Wohnimmobilie, vor dem Rentenbezug nicht möglich.

Die Attraktivität, den Rentenfonds als Anlagepapier zu sehen, kann durch einen ‚Sparbuch-Charakter' der Einlagen erhöht werden. Dazu könnten gehören:

- Einkommenssteuern auf Zinsen werden erst bei Auszahlungen fällig.
- Rentenzahlungen können bereits im Alter von 50 Jahren beginnen, um eine reduzierte Arbeitszeit im Alter oder eine berufliche ‚Auszeit' zu ermöglichen.
- Auch einmal jährliche Auszahlungen sind denkbar, um größere Anschaffungen zu finanzieren. Um die Liquidität des Fonds und der Projekte zu sichern, könnte ein jährlicher Höchstbetrag gelten, der den jährlichen Rentenzahlungen entspricht.
- Die zusätzlichen Einzahlungen stellen ein persönliches Vermögen dar, jedoch mit beschränkter Zugriffsmöglichkeit. Sie stünden damit auch einer Kreditabsicherung zur Verfügung.

Die zusätzlichen Zahlungen können nach persönlicher Priorität einem oder mehreren Projekten direkt zugeordnet oder frei zur Verwendung gestellt werden. Auf Wunsch kann der Name des Einzahlers bei diesen Projekten mitveröffentlicht werden. Dies dient der Reputation des Anlegers. Prof. Dr. Claus Lamm, Psychologe und Neurowissenschaftler Universität Wien[10] führt die Motivation von Stiftungen reicher Persönlichkeiten, wie z.B. Bill Gates oder Ford, auf die menschliche Notwendigkeit hin, als ‚Good boy' Ansehen zu genießen. Dieses Bedürfnis wird auch bei geringen Spenden ausgenutzt. Bei dem Wiederaufbau der Frauenkirche in Dresden oder dem Wiederaufbau der Garnisonskirche in Potsdam konnten/können Namen der Spender in Ziegel eingelassen werden und so für nachfolgende Generationen sichtbar bleiben.

Weiterhin sollten die zusätzlichen Einzahlungen nach oben begrenzt werden. Dies kann so erreicht werden, dass der berechnete Rentenanspruch nach heutigem Stand einen Betrag von 3.000 € pro Monat nicht übersteigt. Damit wird verhindert, dass größere Vermögen inflationsgesichert weitervererbt werden können oder ein Missbrauch durch Eigeninteressen stattfinden kann.

3.6 Rentenansprüche

Der Rentenanspruch setzt sich aus 2 Teilen zusammen. Zum einen aus den Beiträgen, die vom Staat dem Bürger gegeben wurden. Die Berechnung erfolgt über eine realistische Sterbetabelle, wobei das Kapital zum Verzehr eingebracht wird (bei meiner Riesterrente muss ich über 100 Jahre alt werden, um ohne Zinsen mein eingezahltes Kapital zurückzuerhalten). Der Rentenbeginn sollte europaweit einheitlich festgelegt werden und Komponenten einer ‚Flexi-Rente' enthalten.

Der zweite Teil der Rentenansprüche errechnet sich aus den zusätzlichen Einzahlungen der Privatpersonen. Hier hat der Einzahler die Möglichkeit, den angesammelten Betrag zum Verzehr zu benutzen, was die Rente erhöht, oder als ‚Sparbuch' mit Vererbung und einem beschränkten Zugriff (siehe Kapitel 3.5).

Für die Berechnung der Rentenhöhe sollten Lebensversicherer ihre Dienstleistung anbieten können, da sie die entsprechenden Programme bereits erfolgreich einsetzen. Selbstverständlich muss eine einheitliche Sterbetabelle verwendet werden.

3.7 Tod einer Privatperson

Bei einem Tod eines Bürgers verfällt der Anteil, der vom Staat als Beitrag in den Rentenfonds geleistet wurde. Es handelt sich hierbei um einmal gezahlte Steuern, über deren Verwendung der Bürger mitbestimmen konnte. Das hier angesammelte Kapital stellt für den Bürger kein Vermögen dar, sondern nur ein Anspruch auf eine zusätzliche Rentenleistung. Für das angesammelte Kapital aus den zusätzlichen Einzahlungen gilt das landesspezifische Gesetz der Erbfolge- und der Erbschaftssteuer. Hier kann jeder Bürger frei in einem Testament den Begünstigten benennen – oder das Geld im Fonds belassen.

3.8 Verwaltung / Rechtskosten

Neben den Kapitalabflüssen für neue Projekte und den Rentenzahlungen fließen Gelder aus dem Rentenfonds in die Verwaltung, Bürokratie und Datenverarbeitung sowie für einen Rechtsbeistand. Die Kosten für einen Rechtsbeistand entstehen dann, wenn bei einem Projekt Schwierigkeiten derart entstehen, dass gegen den Projektverantwortlichen rechtlich vorgegangen werden muss bzw. ein Streit- und Schlichtungsverfahren zu führen ist.

3.9 Kapitalbedarf eines Projektes

Der Kapitalbedarf eines Projektes, wie er bei der Antragsstellung benannt wurde, kann durch drei Faktoren verringert werden.

Bei Subventionen in der europäischen Gemeinschaft wird zurzeit verlangt, dass der subventionierte Staat einen Teil der Projektkosten selbst übernimmt (siehe Kapitel 4.10). Dies kann auf Wunsch des Staates projektbezogen weiter möglich sein, wobei der vom Rentenfond zu finanzierende Anteil geringer wird.

Weiterhin kann ein Bürger mit zusätzlichen Einlagen diese direkt einem Projekt zuordnen. Dies entspricht dem heutigen Crowd-Funding auf dem freien Kapitalmarkt. Der Bürger kann jedoch nicht nach einer maximalen Rendite, sondern nur nach einer sinnvollen, für ihn wichtigen Investition wählen.

Der Grundbetrag von den Staaten, der hier mit 10 € beziffert wurde, stammt aus Steuereinnahmen des jeweiligen Staates. Von diesen Grundbeiträgen dürfen die Bürger auch Investitionen außerhalb ihres Staates treffen. Es muss jedoch gewährleistet werden, dass die Steuereinnahmen des Staates, die der Bürger nicht zuordnet, in Programme mit Investitionen des zahlenden Staates fließen. Hierzu werden die Stimmen der Nichtwähler herangezogen. Folgendes Zahlenbeispiel soll es verdeutlichen:

Ein Staat X hat z.B. 30 Mio. Bürger und der Grundbetrag wäre entsprechend seinem BIP statt 10 € nur 9 € pro Monat. Dementsprechend fließen 270 Mio. Grundeinlagen in den Rentenfonds. Sind 20 Mio. Privatpersonen Nichtwähler, verbleiben 180 Mio. €, die der Staat verteilt und um evtl. Rentenzahlungen reduziert (siehe 3.10). Der Staat bestimmt durch einen Verteilungsschlüssel, in welche Projekte das Geld fließen soll. Der Kapitalbedarf der betroffenen Projekte reduziert sich entsprechend. Die 10 Mio. Wähler können demnach über 90 Mio. € entscheiden.

Dies bedeutet für einen Staat, bei dem kein Teilnehmer oder Teilnehmerin wählt, also 100 % Nichtwähler sind, dass der gesamte Grundbetrag des Staates entsprechend seiner Haushaltsplanung verteilt wird. Dabei sind zwei wichtige Folgen erwähnenswert. Zum einen müssen alle Projekte öffentlich transparent sein und abgewickelt werden und zum anderen entsteht mit diesen Beträgen ein Rentenanspruch, den man als zusätzliche Grundsicherung für den Bürger verstehen kann.

3.10 Rechenbeispiel des monatlich zu verteilenden Kapitals

Bei der hier vorgestellten Berechnungsmethode besteht das monatlich zur Verteilung anstehende Kapital aus den tatsächlichen Zuflüssen, also den staatlichen Überweisungen je Bürger für die Verzehrrente, den zusätzlichen Leistungen von Privatpersonen, die einem Projekt nicht zugeordnet wurden, sowie den Rückzahlungen bzw. Geldzuflüssen aus Projekten. Hiervon abgezogen werden müssen die regelmäßigen Rentenzahlungen und die einmal jährlichen Auszahlungen an Privatpersonen, die allgemeinen Kosten sowie der Teil, der durch die Nichtwähler über seinen Staat den Projekten und Renten direkt zugeordnet wird.

In der folgenden Übersicht zahlen zwei Staaten ein, mit 12 € bzw. 3 € als Grundbeitrag. Nach der Verteilung der Nichtwählerstimmen, also der Zuordnung durch den Staat bzw. zusätzlichen Rentenleistungen (siehe unten), bleiben 40 und 20 Millionen Wähler. Davon haben 3 bzw. 1 Million Wähler ihre Stimmen dauerhaft verpflichtend einem Projekt zugeordnet. (siehe auch 5.1 Exemplarisches Beispiel).

	Wähler in Mio.	**Grundbetrag je Teilnehmer in EUR**	**Betrag in Mio EUR**	
Staat 1	40,0	12,00 €	480	Mio €
Staat 2	20,0	3,00 €	60	Mio €
Gesamtwähler / Grundbeitrag der Staaten	60,0		540	Mio €
zzgl. nicht zugeordneter Zahlungen von Privatpersonen			20	Mio €
zzgl. der Rückflüsse (Projekte, Kapitalerträge)			60	Mio €
abzgl. Rentenzahlungen			35	Mio €
abzgl. Kosten			15	Mio €
Summe Zu- und Abflüsse			30	Mio €
Zu verteilendes freies Kapital im lfd. Monat			**570**	Mio €
Ergibt einen Wert je Stimme von	**3,17 €**	**bzw. je Wähler**	**9,50 €**	

Berücksichtigen wir nun die verpflichtend zugeordneten Stimmen

Staat 1	40,0	12,00 €	480,00	Mio €
Abzgl. Wähler mit verpflichtender Stimmabgabe	3,0	12,00 €	36,00	Mio €
Staat 2	20,0	3,00 €	60,00	Mio €
Abzgl. Wähler mit verpflichtender Stimmabgabe	1,0	9,50 €	9,50	Mio €
Restliche Wähler	56,0		494,50	Mio €
Zu - und Abflüsse wie oben			30,00	Mio €

Zu verteilendes freies Kapital im lfd. Monat für die restlichen Wähler			**524,50**	Mio €
Ergibt einen Wert je Stimme von	**3,12 €**	**bzw. je Wähler**	**9,37 €**	

Zuerst wird der Wert einer Stimme / eines Wählers berechnet, ohne die verpflichtenden Stimmabgaben zu berücksichtigen. Man erhält im o.g. Beispiel für den Wert einer Stimme einen Betrag von 3,17 €.

Die Zahlen sind fiktiv und derartig gewählt, dass für den Staat 1 der Grundbeitrag höher, bei Staat zwei der Grundbeitrag niedriger ist als der für einen Wähler berechnete Betrag. Für die Wähler von Staat 1 wird deshalb die Höhe des Grundbetrages, von 12 €, für die Wähler von Staat 2 der durchschnittliche Betrag von 9,50 € für die verpflichtenden Stimmen herangezogen. Damit sind die verpflichtenden Beträge immer mindestens so hoch wie der Grundbeitrag des Staates oder wie der durchschnittliche Wert, wenn es keine verpflichtenden Stimmabgaben gäbe. Das restliche freie Kapital wird auf die restlichen Wähler geteilt und ergibt 3,12 € je Stimme bzw. 9,37 € je Wähler.

Kann eine Stimme nicht mehr zugeordnet werden, da z.B. das gewählte Projekt finanziert und freigegeben, aus politischen Gründen gesperrt oder gelöscht wurde, fließt dieses Kapital in das Projekt mit Finanzcharakter.

Die Liquidität des Rentenfonds ist i.d.R. gewährleistet, da es immer Projekte gibt, die noch nicht voll finanziert und freigegeben worden sind.

Für zusätzliche Einzahlungen von Teilnehmern und Teilnehmerinnen, die das Rentenalter bereits erreicht haben, werden Rentenzahlungen sofort fällig. Diese zusätzlichen Leistungen können daher nicht in einem vollen Umfang Projekten zugeordnet werden. Entsprechend dem Alter der Teilnehmerinnen und Teilnehmer, der vorliegenden Sterbetabelle sowie den Erfahrungen aus den Rückflüssen von Projekten wird ein Teil für die Rentenauszahlung direkt benötigt. Dieser Teil entspricht daher einem Umlageverfahren von zusätzlichen Leistungen direkt in Rentenauszahlungen. Zur Bestimmung der Größe dieser Beträge kann auf Erfahrungen von Lebensversicherern zurückgegriffen werden.

Im obigen Zahlenbeispiel sind die Rentenauszahlungen geringer als die Rückflüsse von Projekten, also von ‚Gelddruckmaschinen', Rückzahlungen aus Projekten mit Kreditcharakter sowie den Erträgen aus dem Projekt mit Finanzcharakter (Anlagen).

Überschreiten die Rentenansprüche jedoch die Kapitalrückflüsse aus den Projekten und den Anteilen aus zusätzlichen Leistungen, erfolgt die Deckung der Rentenzahlungen durch den Grundbeitrag, der von den Nichtwählern dem Staat zur Verteilung zugewiesen wird. Zuerst wird das für die laufenden Rentenzahlungen frei verfügbare Kapital prozentual auf die Rentenansprüche verteilt. Die fehlenden Beträge werden jedem Staat für seine Rentnerinnen und Rentner vom Kapital der Nichtwähler abgezogen. Damit bleibt weniger Verteilungsmasse in der Verfügung eines jeden Staates. Somit sind die unterschiedlichen Rentensysteme in den Ländern der EU nicht betroffen. Die Höhe der Zahlung aus dem Rentenfond der monetären Demokratie ist ein zusätzlicher, kapitalgedeckter Rentenbeitrag.

Falls der Grundbeitrag des Staates für diese Rentenzahlungen nicht ausreichen sollte, hat der betroffene Staat die Rentenzahlungen aus seinem normalen Staatshaushalt zusätzlich zu entrichten. Er kann dann keine Projekte mehr unterstützen. Weitaus sinnvoller ist eine Erhöhung des Grundbeitrages, also der Teil des Staatshaushaltes, über den seine Teilnehmerinnen und Teilnehmer selbst bestimmen können. Somit erhöht sich auch das Kapital der Nichtwähler. Damit wird das primäre Ziel der monetären Demokratie, die Klima- und Umweltpolitik, weiter finanziert. In Notfällen oder kritischen wirtschaftlichen Situationen kann durch Parlamentsbeschluss auf das Projekt mit Finanzcharakter zurückgegriffen werden und durch Verkäufe von Aktien der Fehlbetrag ausgeglichen werden. In einem solchen Falle sollten die zuständigen Vertreter der EU nach dem Maastricht -Vertrag den Haushalt des betroffenen EU-Staates auf Einhaltung der Regeln prüfen, siehe 4.16 Öffentliche Haushalte.

3.11 Sprachenvielfalt in der Europäischen Union

Die Europäische Union besteht aus 28 Staaten und noch mehr Volksgruppen mit unterschiedlichen Sprachen. Zum Beispiel die baskische Sprache (Euskara), die von ca. 750.000 Menschen gesprochen wird. Schottisch-Gälisch ist eine Amtssprache in Schottland und wird von ca. 150.000 Schotten benutzt. In Katalonien sind neben Spanisch auch Katalanisch und Aranesisch offizielle Amtssprachen. Diese Vielfalt gilt es zu bewahren.

Die Transparenz der Projekte erfordert in der EDV standardisierte Erfassungsmasken, die in alle europäischen Staaten zu übersetzen sind. Dadurch zeigt das ‚ferne Brüssel' Nähe zu allen Bürgern und respektiert lokale kulturelle Unterschiede. Mit dieser Standardisierung reduziert sich der Übersetzungsaufwand beträchtlich.

Zusätzliche freie Texte zu einem Projekt sollten in der lokal gesprochenen Sprache und in den europäischen ‚Amtssprachen' geschrieben sein, um aus allen europäischen Ländern Stimmen und damit Gelder zu erhalten. Die gleiche Regelung empfiehlt sich auch für die Rückmeldung bei Zwischen- und Abschlussberichten, wie es die Transparenz vorsieht.

3.12 Zugang zum Internet

Nicht alle Bürger in der europäischen Union haben einen Zugang zum Internet zu Hause. Hier können bei Ämtern Zugänge für die Öffentlichkeit geschaffen werden. Technisch möglich ist auch der Zugang über mobile Telefone (Handys) zu prüfen.

3.13 Staatliche Garantie der Zusatzleistungen

Banken werben bei Aktien mit dem Hinweis, dass der Käufer Miteigentümer einer Firma wird. Bei einer Geldentwertung hätte man immer noch einen Anteil eines realen Vermögens. Eine Firma hat jedoch nur das Potenzial, Gewinne zu erwirtschaften und sich im Markt zu behaupten. Tatsächlich können Großkonzerne insolvent werden und vom Markt verschwinden. Deren Marken, wie z.B. AEG oder Grundig, sind allen noch geläufig.

Die staatliche Garantie entspricht den bekannten inflationsgesicherten Staatsanleihen. Auch hier ist der Anleger Miteigentümer an der Infrastruktur des Staates. Dieser schafft Rahmenbedingungen und hat damit

Potential, dass Firmen Gewinne erwirtschaften und Steuern zahlen. Alle Steuereinnahmen sind Gewinne des Staates, die an die Bevölkerung mittels der staatlichen Ausgaben zu Gute kommen.

Der Unterschied besteht jedoch darin, dass eine Firma vollständig ‚verschwinden' kann. Die Mitarbeiter müssen sich einen anderen Arbeitgeber suchen. Geht dagegen ein Staat in die Insolvenz, so leidet die Bevölkerung, wie man bei Argentinien und Griechenland gesehen hat.

Die Konditionen der Rückzahlungen der Zusatzleistungen bei der monetären Demokratie sind vergleichbar mit den Konditionen, die Griechenland während der Eurokrise erhalten hat, d.h. geringste oder keine Zinsen und einen sehr langen Zeithorizont für die Tilgungen. Die monetäre Demokratie ist somit ein marktkonformes Instrument zur Stabilisierung staatlicher Einheiten. Sie ist ein unabhängiges System und kann die negativen Folgen unsicher finanzierter Wahlgeschenke oder versäumter Investitionen staatlicher Einrichtungen abschwächen.

4. Grundansichten: Warum die monetäre Demokratie?

4.1 Meine Demokratie, wie ich sie sehe

Ich bin glücklich, in einer Zeit und einem Raum hineingeboren worden zu sein, in der und in dem Frieden herrscht, sowie in einen Staat, der die Würde des Menschen als oberstes Prinzip in der Verfassung gestellt hat. Ein Staat, der die Menschenrechte, die Pressefreiheit schützt und seinen Bürgern eine soziale Absicherung bietet. Ein Staat, dessen Regierung mit dem Verhältniswahlrecht bestimmt wird und die politischen Parteien zur Zusammenarbeit zwingt. Um überhaupt das Thema zu rechtfertigen und eine Diskussion anstoßen zu können, stelle ich mir die grundsätzliche Frage: **Was ist Demokratie?**

Wir wissen, dass Demokratie von Demos und Kratos abgeleitet ist, also eine Herrschaft des Volkes. Ich nähere mich dem Begriff der Demokratie mit verschiedenen Zitaten:

Francis Fukuyama,[11] sagt: "Eine wichtige Botschaft ist daher zu verstehen, dass Demokratie keine unendliche Garantie beinhaltet, auch wenn sie gut funktioniert. Eine Demokratie ist ein komplexes Gebilde, eine Institution, die im Dienste einer Gesellschaft steht, die sich mehrheitlich für demokratische Werte ausspricht. Wenn dieses Gebilde jedoch Schwachstellen zeigt, gerät auch die Demokratie ins Wanken." ... „Wir alle streben nach leistungsfähigen und reaktiven Regierungen, die auf die Forderungen der Bevölkerung eingehen ... die Leute wollen Freiheit. Sie wollen selbst entscheiden und das ist die wahre Grundlage für die Demokratie."

Der Philosoph und Soziologe Geoffroy de Lagasnerie spricht in derselben Quelle: „Die Demokratie ist das einzige System, das nicht definiert werden kann. Demokratie ist präziserweise etwas, das nie da ist. Demokratie ist etwas, das nicht greifbar ist und von dem man nicht weiß, welche Form es annehmen wird. ... denn die Demokratie ist das einzige politische System, das die Idee einer Zukunft in sich trägt, die Idee einer Kritik einer Erneuerung."

Und ähnlich spricht sich die Philosophin und Sorbonne-Dozentin, Sandra Laugiers, aus[12]: „Es geht darum, uns klarzumachen, dass Demokratie in erster Linie eine Forderung ist und als solche immer eine Form von Unzufriedenheit mit dem uns zur Verfügung stehenden Ausdrucksmöglichkeiten impliziert. Demokratie ist also keine ewige Garantie für Freiheit, sondern die Chance, sie immer wieder neu zu erkämpfen. Tun wir es nicht, verlieren wir sie. Aus perfektionistischer Sicht muss man sagen, die ultimative Demokratie wird nie erreicht."

Zu meiner Demokratie, wie ich sie sehe, gehört damit die Meinungsfreiheit, Versammlungsfreiheit und die freie Presse, die in Deutschland durch die Spiegel-Affäre in den 1960er Jahren gefestigt wurde.

Hierzu weiter aus der bisherigen Quelle, Zitat: „Laut Polybios gibt es zwei Säulen der griechischen Demokratie, die eine ist die Gleichheit vor dem Gesetz bzw. der gleiche Zugang zur öffentlichen Rede in der Agora, was im Grunde der heutigen Idee von Gleichberechtigung entspricht. Die zweite Säule ist die Freiheit, die Wahrheit auszusprechen: Parrhesia (das Wahrsprechen) ist ein Akt der freien Offenheit und der festen Überzeugung. Das Gegenteil von bezirzender Schönrednerei und schmeichlerischer Verführungskunst. Parrhesia erfordert Mut, denn das Wahrsprechen ist nicht ganz ungefährlich für den Sprecher".

Dies führt mich zwingend zum Begriff des zivilen Ungehorsams. Da die Demokratie keine ewige Garantie für Freiheit ist, muss man sie erkämpfen und damit gegen Regeln und Gesetze ungehorsam handeln.

Die Philosophin Sandra Laugiers sagt hierzu: „Wichtig bei allen Aktionen zivilen Ungehorsams seit dem 19. Jahrhundert ist aber ihr kollektiver Charakter. Die Tatsache, dass wir eine öffentliche Debatte angestoßen haben und es den Akteuren dabei nicht um sich selbst ging und natürlich die Tatsache, dass sie gewaltfrei abliefen."

In jeder Vereinigung von Menschen gibt es Veränderungsvorschläge, in diktatorischen Staaten spricht man von Widerstand. Bei der Demokratie entsteht ein Paradoxon. Das politische System gibt Regeln, Gesetze und Freiheit dem Volk und gleichzeitig trägt es als ein wesentliches Element den zivilen Ungehorsam in sich. Dieses Gebilde der Demokratie darf jedoch keine Schwachstellen zeigen, um nicht ins Wanken zu kommen. Geschichtlich führte dies zur Gewaltenteilung in Exekutive, Legislative und Judikative.

Ausgelöst durch Entwicklungen wie den Brexit, der Pegida-Bewegung in Deutschland, den populistischen national denkenden Bewegungen in aller Welt, den Wahlerfolgen von Trump und Erdogan, den undemokratischen Strukturen der Europäischen Union, entstand eine Debatte über die Stabilität und Effektivität unserer Demokratien.

In den Diskussionen und Beiträgen werden, von löblichen Ausnahmen abgesehen, die Problematiken der freien Marktwirtschaft und des Finanzkapitalismus als ein eigenständisches, vom politischen System unabhängiges Phänomen behandelt. Dies könnte daher kommen, dass das politische System des Sowjetkommunismus, des Staatskapitalismus in China oder das Oligarchentum in (einigen) osteuropäischen Ländern unserem Selbstverständnis einer freiheitlichen Demokratie widersprechen. Tatsache für mich bleibt jedoch, dass eine ausreichende wirtschaftliche Versorgung der Bevölkerung eine Voraussetzung von Freiheit und Demokratie ist. Damit wird für mich das Wirtschaftssystem ein elementarer Teil einer politischen Gesellschaftsordnung und prägt über Jahrzehnte das Bewusstsein und Denken des Menschen (siehe Kapitel 4.14 und Kapitel 8).

In den folgenden Kapiteln gehe ich auf verschiedene Bereiche ein, die sich in den letzten Jahrzehnten nach meiner Wahrnehmung negativ entwickelten – und mit der Einführung der monetären Demokratie eine Verbesserung erfahren werden.

4.2 Die soziale Marktwirtschaft

Die Möglichkeiten, dass jede und jeder sich selbständig machen kann, im Wettbewerb mit anderen steht, seine Produkte produzieren oder seine Dienstleistung anbieten kann, haben wesentlich zu unserem Wohlstand beigetragen. Die sozialen Komponenten, wie die freien Gewerkschaften, die Sozialgesetze oder Gesetze zum Umweltschutz, haben es bis heute ermöglicht, für jeden in Deutschland bzw. Europa ein Umfeld zu schaffen, in dem sich jeder frei entfalten kann.

Die europäische Wirtschaftsgemeinschaft, heute die Globalisierung, verbunden mit dem technischen Fortschritt, gestattete es Unternehmen, ihre Produktionsstätten im Ausland zu etablieren - in Billiglohnländern mit einem geringeren Umweltschutzstandard. Wir profitieren von den Waren und erfahren im gleichen Augenblick in den Medien, unter welchen Bedingungen Menschen arbeiten müssen oder die Umwelt belastet wird. Mikroplastik ist eines der Beispiele.

Jedes Wirtschaftsunternehmen, wie jeder Mensch auch, trägt in sich einen Selbsterhaltungstrieb. Diese Aussage begründe ich damit, dass Menschen im Betrieb arbeiten und durch Gehälter und Löhne ihre wirtschaftliche Existenz sichern. Ein Konkurs einer Firma hat gravierende Auswirkungen auf das Leben jedes einzelnen Mitarbeiters. Der Kapitalismus als System sieht jedoch Insolvenzen als etwas Natürliches an. Dies hat in den USA zu dem Prinzip des ‚hire and fire' geführt; also anstellen und rausschmeißen. In der europäischen Kultur ist dieses Gedankengut verpönt.

Dieser Selbsterhaltungstrieb der Wirtschaftsunternehmen führt dazu, dass Mitarbeiter die wesentlichen Ziele der Eigentümer mitübernehmen: die Gewinnmaximierung der Kapitalgeber. Somit wird alles versucht, das Umfeld für ihre wirtschaftliche Tätigkeit zu beeinflussen – und damit auch die Politik.

Auch in Unternehmen, die nicht gewinnorientierte Aufgaben verfolgen, zeigt sich dieser Selbsterhaltungstrieb. Als Beispiel nenne ich die Abwasserzweckverbände in Deutschland, die aus unterschiedlichsten Gründen dezentrale Abwasserentsorgung verhindern[13].

Die Gestaltung eines Wirtschaftsstandortes wird durch die Politik mittels gesetzlicher Regelungen, einer allumfassenden Infrastruktur und Subventionen bestimmt. Die Unternehmen sind daher gezwungen, die Politik derart zu beeinflussen, dass sie Rahmenbedingungen schafft, die ihr wirtschaftliches Handeln unterstützt. Und die Gemeinden buhlen um Betriebe, um Arbeitsplätze und Steuereinnahmen zu schaffen. Um dieses Ziel zu erreichen, wird die Politik über Lobbyisten beeinflusst. Da sich die Lobbyisten bereits längere Zeit mit einem bestimmten Thema befassen, sind sie den Parlamentariern voraus. Durch Gespräche, Einladungen zu Veranstaltungen, rechtlich formulierte Gesetzesvorlagen oder der Drohung mit dem Verlust von Arbeitsplätzen und – nicht zu vergessen: Korruption – hat sich ein wirkungsvolles System des Lobbyismus entwickelt. Kapitalkräftige Unternehmen sind hier den NGOs und der Wirtschaft aus dem Mittelstand weit überlegen. Somit entsteht ein Ungleichgewicht, das den Mittelstand und die Demokratie gefährdet.

Der Erfolg der frühen Globalisierung verleitete den Direkter Donald Kendall von Pepsi Cola bereits 1974 dazu, in einem Interview seine Macht mit folgenden Worten zu charakterisieren: „Ich glaube nicht, dass wir es erleben werden, dass die internationalen Gewerkschaften oder Staaten oder irgendwelche Supervereine, wie ich sie nenne, es schaffen, einen multinationalen Konzern zu kontrollieren.“[14]

Die negativen Auswirkungen einer freien Marktwirtschaft sind offensichtlich, u.a. Umweltverschmutzung oder Ausbeutung von Menschen mit unmenschlichen Arbeitsbedingungen[15]. Der Ressourcenverbrauch mit einem übermäßigen Konsum in den Industriestaaten hinterlässt übergroße ökologische Fußabtdrücke auf der Erde.

Dagegen gibt es Anstrengungen einer Minderheit, Projekte zu finanzieren, die den heutigen Aufgaben gerecht werden. Sie sind jedoch dem Kapitalismus unterworfen. Wird z.B. ein neuer Windpark geplant, so sind hierfür um die 100 Mio. € notwendig[16]. Der Kapitalrückfluss muss selbstverständlich in diesem System so bemessen sein, dass er mit anderen Finanzanlagen konkurrieren kann. Dies impliziert auch eine wesentlich kürzere Abschreibungsdauer als der Windpark elektrische Energie liefern kann. Sehen wir die Energiewende global, so wird ein armer Staat nicht in der Lage sein, die finanziellen Mitteln für ein umweltgerechtes Wachstum aufzubringen.

Hier greift die monetäre Demokratie ein. Es werden Gelder generiert, die wie Gelder aus der Entwicklungshilfe in ein Land gehen. Damit gibt es längere Rückzahlungen und damit niedrigere monatliche Rückflüsse.

4.3 Überforderung der Politikerinnen und Politiker

Ich beginne mit einem jungen Menschen, der Ideale und Vorstellungen hat. In der Schule hat er sein Talent erlebt, dass er andere überzeugen kann und seine Vorstellungen in die Tat umgesetzt werden. Die Begabung, komplexere Zusammenhänge einfach widerzugeben, die Überzeugungskraft, das rednerische und rhetorische Talent, all dies sind nützliche Eigenschaften. Sieht er sich einer Kritik ausgesetzt, muss er sich eine raue Haut zulegen. Shitstorm und persönliche, unter die Gürtellinie gehende Beleidigungen müssen wie bei einer Teflonpfanne abperlen.

Ich erinnere mich sehr gut an das Schattenkabinett des ersten Wahlkampfs von Frau Dr. Angela Merkel. Herr Prof. Paul Kirchhof vertrat ein Konzept für eine notwendige und sinnvolle Steuerreform. Der amtierende Bundeskanzler, Herr Gerhard Schröder, titulierte Herrn Kirchhof als ‚hergelaufenen Professor aus Heidelberg' ab. Herr Kirchhof trat wenig später aus dem Schattenkabinett aus. Zu einem Politiker gehört also mehr als Intelligenz.

Ist nun eine Politikerin oder Politiker in ein Parlament gewählt, so muss er Kolleginnen und Kollegen überzeugen, die die gleichen Begabungen und Talente haben, wie er selbst. Als Parteisoldat hat er das Parteiprogramm zu vertreten, auch wenn nicht jeder Punkt den eigenen Werten entspricht oder leicht verständlich ist. Schließlich ist er Berufspolitiker und seine eigene Existenz hängt mit davon ab, auf der Wahlliste der Partei weit oben zu stehen.

Sind Themen betroffen, die die Wirtschaft in ihrem Handeln betreffen, so treten die unzähligen Lobbyisten an die Parlamentarierinnen und Parlamentarier heran. Lobbyisten haben häufig druckreife Gesetzesvorschläge von einschlägigen Rechtsanwaltskanzleien anfertigen lassen. Ein gut formuliertes und von LobbyPlag recherchiertes Beispiel findet sich in Wikipedia[a] über das Zustandekommen der europäischen Datenschutz-Grundverordnung.

Die Konfrontation mit unterschiedlichen ‚Gutachten', bei denen der Auftragsgeber sein gewünschtes Ergebnis bezahlt, überfordert die Politikerinnen und Politiker. Noch schwieriger werden Entscheidungen bei sich widerstreitenden Wissenschaftstheorien. Der Nobelpreisträger Robert Schiller verfocht die Auffassung der Verhaltensökonomen, dass der Mensch nicht nur rational, sondern auch mit – salopp – Gefühlen entscheidet. Mit ihm ausgezeichnet wurde Eugene Farmer, ein Vertreter des Homo Oeconomicus, also eines rational entscheidenden Menschen. Zitat: „Je nachdem, an welcher unserer Eigenschaften oder Fähigkeiten die Ökonomen glauben, ändern sich ihre Empfehlungen"[17].

In weitere Konfliktsituationen kommen Politikerinnen und Politiker, wenn grundsätzliche Überzeugungen, Glaubenssätze oder Dogmen (siehe Kapitel 8) eine Entscheidung beeinflussen. Als Beispiel sei die Atomkraft genannt, bei der das Argument in den frühen 1960er Jahren im Vordergrund stand, dass ohne Atomkraft die Lichter ausgingen. Die jeweils wechselnden Regierungen verfolgten über ihre Legislaturperioden unterschiedliche Ziele. Einmal getroffene Entscheidungen werden Jahrzehnte später begründet wieder aufgehoben – und teilweise der Politik vorgeworfen. Auch die Einsetzung von Kommissionen ist nur beschränkt unterstützend, da häufig mehrere Alternativen aufgezeigt werden. Dies ist auch in der Kohlekommission zu erwarten, die Anfang 2019 zum Ausstieg aus der Braunkohle ihre Ergebnisse vorlegen wird.

Als Abgeordnete sind sie Vertreterinnen und Vertreter des eigenen Wahlkreises. In diesem Aufgabengebiet sind sie Ansprechpartnerinnen und Ansprechpartner für Bürgerinnen und Bürger und für Funktionsträgern wie z.B. Bürgermeisterinnen und Bürgermeister. Auch hier ist die Überzeugungsarbeit über bundesweite Politik zu leisten und lokale Anliegen aufzunehmen und im Parlament einzubringen und durchzusetzen.

---

[a] https://de.wikipedia.org/wiki/Datenschutz-Grundverordnung

Häufig sind die Anliegen mit Projekten der Infrastruktur und somit mit Geldern verbunden.

Und die Welt schreitet fort: in der Technik, in der Politik der anderen Staaten und immer wieder neue, aktuelle Themen wie Dieselskandal, Sicherheit und Wahlmanipulation im Netz usw. Fügen wir diesem Bild die privaten Aufgaben hinzu, die z.B. die Familie mit sich bringt, so ist es mir selbstverständlich, dass politische Entscheidungen von den Politikern nicht immer sachorientiert sein können.

Entscheidungen werden natürlich auch in Ministerien und von Staatssekretären und -sekretärinnen vorbereitet und damit auch inhaltlich bestimmt. In diesen von Interessen gespaltenen Parlamenten sind schnelle und effektive Entscheidungen selten. Die monetäre Demokratie kann einen Teil der Verantwortung übernehmen und entlastet dadurch die Parlamentarier.

4.4 Der Finanzkapitalismus

Schon seit Jahrtausenden herrschen die Besitzenden über die Mehrheit der Menschen und bestimmen deren Lebensmöglichkeiten. Seit der Einführung des Geldes kann man das Sprichwort ‚Geld regiert die Welt' als ein Grundprinzip bezeichnen.

Betrachten wir die Relation zwischen der Realwirtschaft, die Autos, Häuser oder Dienstleistungen hervorbringt, zu der weltweiten Finanzwirtschaft[18]: Anfang der 1970er Jahre war die Relation von Real- zu Finanzwirtschaft noch 1:1. Es bestand die Regel, dass das Geldwachstum dem Wirtschaftswachstum entspricht[19]. Im Jahr 1990 war das Verhältnis 2:1, im Jahr 2013 3:1. Jetzt, 2018, ist die Finanzwirtschaft mit einem Vermögen von knapp 300 Billionen USD 4-mal so groß wie die Realwirtschaft mit ca. 80 Billionen USD.

Es stellen sich mir drei Fragen:

- wozu hat dies geführt?

- wie ist es dazu gekommen?
- was kann gegen die Gefahren gemacht werden?

Unter dem Namen ‚Tulpenmanie' in der zweiten Hälfte des 16. Jahrhunderts ist die erste, gut dokumentierte Spekulationsblase der Wirtschaftsgeschichte bekannt. An der Börse wurden auf Kurssteigerungen der zum Liebhaberobjekt gewordenen Tulpenzwiebeln gewettet. Die Weltwirtschaftskrise in den 1920er Jahren entstand durch einen ‚Rausch' der Bevölkerung. Jeder glaubte, durch Aktienkäufe in kurzer Zeit reich werden zu können. Der ‚schwarze Freitag' (es war ein Donnerstag und es gab mehrere ‚schwarze Freitage' an den Börsen[a]) führte zur Weltwirtschaftskrise und in Deutschland zu einer Hyperinflation.

Um die Macht des Finanzmarktes zu demonstrieren, erinnere ich an den September 1992. Zitat: "Der amerikanische Hedgefonds-Manager, George Soros, und Multimilliardär hatte auf den Zusammenbruch des überbewerteten britischen Pfunds gewettet und half nach, indem er zuvor gekaufte Pfund in Milliardenhöhe auf den Markt warf"[20]. Die englische Regierung konnte mit unterschiedlichen Maßnahmen den Verfall des englischen Pfundes nicht verhindern und musste aus dem europäischen Währungssystem austreten, dem vorbereiteten System zur Einführung des EURO.

Die wahre Macht des Finanzmarktes wurde in einer Computersimulation verdeutlicht, die 2007 Schweizer Forscher erstellten und die Verflechtungen der Wirtschaft graphisch aufbereitet haben. Die sogenannten Superzellen halten Beteiligungen an den größten Konzernen und bestimmen deren Wirtschaftspolitik wesentlich mit[21]. Knapp 40% des gesamten Vermögens global agierender Unternehmen hingen von 147 Unternehmen des Netzwerkes ab. Sehr komplex miteinander verwobene Schachtelfirmen sind untereinander abhängig und es wurde der Begriff ‚systemrelevant' notwendig. Bei der Krise von 2008 wurde die Realwirtschaft mitgerissen und für die Stützung systemrelevanter Finanzinstitute wurden Milliarden von Steuergeldern aufgebracht.

---

[a] z.B. Wikipedia

Mit der Erfindung des Computers und ausgefeilten Algorithmen werden Finanzgeschäfte größtenteils automatisiert, mit dem Ziel des größtmöglichen Gewinns. Der Vermögensverwalter BlackRock hat den Supercomputer Aladdin. Hier bedeuten schon Unterschiede im Bereich von Millisekunden zwischen zwei Abschlüssen, wer Gewinn oder Verlust macht.

Durch Kapitalbeteiligungen des Finanzsektors an Konzernen ergibt sich zwangsläufig ein Einfluss auf die Politik aller Staaten. Zum Beispiel ist bei VW der Staatsfonds von Katar mit 17 % der Stammaktien beteiligt. Man hat einen Vertreter im Aufsichtsrat und redet dann konkret über die Zukunftspolitik von VW. Bei der deutschen Bank sind zwei Vertreter des Herrscherhauses von Katar Großaktionäre mit zusammen 10 %. Mit einem weiteren Vertreter aus China, der auch 10 % hat, sind sie sozusagen maßgebend. Mit BlackRock von 6 – 7 % haben alle drei alleine 25 % Anteile der Deutschen Bank. Somit wird die Geschäftspolitik der Deutschen Bank maßgeblich in Doha / Katar[22] vorgedacht.

Die Staaten selbst benötigen Steuereinnahmen. Es entstand nicht nur in Europa ein zwischenstaatlicher Wettbewerb, an welchen Standorten die Konzernzentralen steuerlich am günstigsten zu sitzen haben. Dieser Konflikt innerhalb der europäischen Union schwelt weiter und es wird nach Lösungen gesucht, um in den Ländern die Steuern einnehmen zu können, in denen die Leistungen erbracht werden.

Die weltweite Verflechtung des Finanzsektors wird auch von Privatpersonen zur Steuervermeidung benutzt. Dabei sind nicht nur Briefkastenfirmen und Nummernkonten zu erwähnen. Auch wer steuerlich veranlagt wird, ist weltweit unterschiedlich: der Hauptwohnsitz und überwiegender Aufenthaltsort oder die Nationalität, wie bei den USA. Die fehlenden Steuereinnahmen belaufen sich auf Milliarden Euro.

Der Finanzkapitalismus ist aus dem Ruder gelaufen und bedroht die Finanzsysteme der Staaten. Die Macht des Geldes beeinflusst die Richtung der Großindustrie und diese mit Hilfe des Lobbyismus die nationalen Regierungen. Ein Steuervermeidungssystem beschleunigt das Öffnen der Schere zwischen reich und arm.

Die zweite Frage war, wie es dazu kommen konnte. Nach dem 2. Weltkrieg hatten die Deutschen keine angesparten Vermögenswerte, da jeder bei der Währungsreform 20 DM erhielt. Das Wirtschaftswunder, das hauptsächlich über Bankkredite finanziert wurde, ergab eine Einkommensverteilung auf die arbeitende Bevölkerung. Handwerksbetriebe und Selbständige in verschiedenen Branchen brachten einen vermögenden Mittelstand hervor. Mit den Jahren wurden Kapitalien in Lebensversicherungen und anderen Wertpapieren angelegt.

Es bildete sich in Deutschland ein Kapitalmarkt heran, der Geld mit Geld erzeugen konnte. Die Vermögensgesellschaften zielten auf maximalen Gewinn und kreierten Wertpapiere der komplexesten Art. Mit Wetten auf Kursschwankungen, nicht nur von Aktien, sondern auch auf Rohstoffe, Währungen und Lebensmittel konnten große Gewinne erzielt werden. Wer nicht auf diesen Zug aufsprang, verpasste nicht nur die Chancen, sondern gefährdete im Wettbewerb auch seine eigene Existenz als Vermögensverwalter. Hierzu Andreas Öhler, Prof. für Finanzwirtschaft, Universität Bamberg[23]: „Wenn sehr viele Experten in eine Richtung reden, bei Wirtschaftsprognosen, bei Fragen, wie sich die Zinsen weiterentwickeln, und sie machen das lange genug, dann werden immer mehr Experten, das kann man sehr schön wissenschaftlich untersuchen, in dieselbe Richtung tendieren. Alle möchten letztendlich nicht übrigbleiben mit einer Gegenmeinung".

Die Spekulationen und Wetten auf künftige Kurse und das Erfinden von neuen komplexen Wertpapieren mit Bündelungen und Rückversicherungen, gegenseitiges Anstacheln mit sehr hohen Boni, führten zu einer Art „Sucht der Banker". In Deutschland gibt es bei Glückspielen den Hinweis: „Spielteilnahme ab 18 Jahren, Glücksspiel kann süchtig machen."

Die Finanzkrise 2008, hervorgerufen ursprünglich durch die Ansage des Präsidenten George W. Bush Jun., dass jeder Amerikaner ein Eigenheim haben solle, brachte das Finanzsystem an den Kollaps. Es wurden, insbesondere in den USA, starke finanzpolitische Regelungen eingeführt und in Europa Bankenstresstests.

Nach der Finanzkrise, bei der die Staaten die Banken stützen mussten, kam die Staatenkrise. Süchtige Glücksritter der nicht kontrollierten Schattenbanken wetteten sogleich um die Zahlungsfähigkeit ganzer Staaten, z.B. Griechenland.

Um die Gefahren zu minimieren, überschwemmt die EZB den Kapitalmarkt durch eine ultraexpansive Geldpolitik. Prof. Helge Peukert, Prof. für Finanzwirtschaft und Finanzsoziologie der Uni Erfurt spricht[24]: „...dass die Geldschwemme die Auswirkung (hat), dass Öl ins Feuer gegossen wird".

Es gibt widersprüchliche Empfehlungen, wie der Gefahr begegnet werden kann, die die Experten vertreten. Man spricht von einem Vollgeldsystem, dem Verbot von Leerverkäufen, einer Einführung der Finanztransaktionssteuer oder der Einschränkung des Vorfrequenzhandels.

Wir sind also bei der 3. Frage angelangt, was getan werden kann. Die Politik ist mit unterschiedlichsten Lösungsmöglichkeiten und Ansätzen bekannt gemacht worden. Jedoch hat jeder international agierende Politiker die Verpflichtung, die Interessen seines eigenen Landes zu vertreten. Auch die notwendige Einstimmigkeit im Europäischen Rat verhindert eine europaweite Einführung effektiver Instrumente und Steuergesetzgebungen.

Erst 10 Jahre nach der Finanzkrise von 2008 gab es am 03./04.12.2018 nach 18-stündigen Verhandlungen der europäischen Finanzminister Verbesserungen zur Stabilität des Finanzmarktes. Der Europäische Rettungsschirm ESM wird mit 60 Mrd. € aufgestockt und soll zum Europäischen Staatsfonds werden. Hoffnungen auf die Einführung einer Transaktionssteuer wurden nicht erfüllt. Dies zeigt, dass die Materie sehr komplex ist und unterschiedlich bewertet wird. Die Thematik der Stabilität nationaler Haushalte und der Währung des EURO zeigt, wie schwierig und langwierig der Einigungsprozess in der Europäischen Union ist.

Die monetäre Demokratie ist international angelegt. Mit einer demokratischen, verantwortungsbewussten und handelnden Erziehung von Jugendlichen (Kapitel 4.14) erwarte ich langfristig und generationsübergreifend eine Verschiebung der Wertvorstellungen. Die monetäre Demokratie wird Gelder aus den Vermögensgesellschaften und Lebensversicherungen abziehen, jedoch nicht in dem Maße, dass deren Existenz gefährdet werden könnte. Da die Lebensversicherungen auch wegen der expansiven Geldpolitik der EZB Schwierigkeiten haben, das Kapital gewinnbringend anzulegen, können sie die monetäre Demokratie als eine Chance für die Zukunft sehen (Kapitel 6.2). Trotzdem erwarte ich großen Widerspruch aus diesem Machtgefüge der Finanzwelt und zitiere Heinrich Heine (1797-1856) aus seinem Wintermärchen:

„Geldwechsler, Bankiers, hast du sogar
mit der Peitsche gejagt aus dem Tempel –
unglücklicher Schwärmer, jetzt hängst Du am Kreuz
als warnendes Exempel.“

4.5 Infrastruktur

Bereits zu Beginn des 20. Jahrhunderts fehlte in den öffentlichen Haushalten das Geld, um die breite Bevölkerung an den technischen Entwicklungen teilhaben zu lassen. Als Beispiel nenne ich die Stromversorgung über Stromnetze in der Stadt Berlin. Hier wurden Verträge mit Privatinvestoren geschlossen, die bis heute den Schutz des Eigentums genießen. Heute soll durch ÖPP (Öffentlich Private Partnerschaften) die Infrastruktur in Deutschland finanziert werden. Diese sind zwar zeitlich befristet, jedoch für den Steuerzahler und künftige Generationen kostspielig.

In Frankreich und Italien gab man sich der Illusion hin, dass mit dem Bau und der Bewirtschaftung von Autobahnen durch private Hände alles geregelt wird und der öffentliche Haushalt entlastet ist. In beiden Ländern findet eine Vermögensumverteilung von unten nach oben statt. In Italien, wie jetzt vor einigen Monaten der Zusammenbruch der Autobahnbrücke in Genua zeigte, ist auch die Sicherheit nicht gewährleistet. Auch in Deutschland sind Mängel am Straßennetz vorhanden. Bei der Rheinbrücke bei Schriesheim[25] versetzte sich ein Pfeiler. Es gab Risse und die Brücke musste gesperrt werden. Der Investitionsstau bei Strassen- und Brückensanierungen ist enorm. Auch in den USA will Präsident Trump Milliarden in die Instandsetzung der Infrastruktur investieren.

In Österreich ging man einen anderen Weg. Die Autobahnen gehören einer staatlichen Autobahngesellschaft, die durch Maut-Gebühren den Unterhalt und (teilweise) den Neubau finanzieren kann. Die jährlichen Überschüsse im Millionenbereich fließen dem österreichischen Staat zu. Dies kann man als ein Projekt der monetären Demokratie auffassen. Die Autobahnen gehören dem Staat, also dem Volk, und die Überschüsse gehen zurück an das Volk. Hierbei ist nicht die Gewinnmaximierung im Vordergrund, sondern eine funktionierende Infrastruktur, wie es die monetäre Demokratie fordert.

Mit dem Bau des Gotthardtunnels wurde zwischen der Schweiz und Deutschland ein Vertrag geschlossen, dass die Rheintalbahnstrecke zwischen Karlsruhe und Basel ausgebaut wird. Über ein Jahrzehnt hat sich in Deutschland nichts getan. Wir kennen die Gründe der Untätigkeit nicht. Mit der monetären Demokratie kann bereits die Grobplanung der Trassenführung als eigenständiges Projekt eingebracht werden. An den finanziellen Mitteln kann es daher nicht liegen. Auch für die Einwendungen der Bürger, z.B. wegen Lärmbelästigung, hält die monetäre Demokratie Lösungen parat. Durch einen zusätzlichen Bau einer Schallschutzwand, der durch reiner Stimmabgabe der betroffenen Bürgerinnen und Bürger finanziert wird, können Verzögerungen vermindert werden.

Zur Infrastruktur gehört auch die Anbindung aller Haushalte und Firmen an ein gut funktionierendes und schnelles Internet. Seit Jahren bemüht sich die deutsche Politik, die ländlichen Gebiete an das Breitbandnetz anzuschließen. Gerade die so erfolgreiche freie Marktwirtschaft hat dafür gesorgt, dass die Politik eine seltsame Situation hervorbrachte, wie sie in Punkt 5.4 als exemplarisches Beispiel skizziert wird.

Nicht im Brennpunkt, jedoch ebenso kostenintensiv und notwendig, ist die Trink- und Abwasserversorgung[26]: „Wasserwerke bundesweit müssen Milliarden investieren, um eine überalterte, marode Kanalisation zu sanieren. Verbraucher werden dafür zur Kasse gebeten für ein überholtes System“. Die gesetzliche Grundlage ist der seit 1935 geltende Anschlusszwang an die öffentliche Kanalisation. Diese werden betrieben und unterhalten durch Abwasserzweckverbände. Alternativen für kleine Dörfer, wie lokale Biokläranlagen, die von Fachleuten empfohlen werden, müssen gerichtlich erstritten werden – und die Anbindung an die Kanalisation wird trotzdem von der EU subventioniert. Der Chef des Nachhaltigkeitsinstituts in Potsdam, Herr Prof. Töpfer, ehemaliger Umweltminister, vergleicht die Kosten der Kanäle damit, dass „wir das Abwasser mit dem Taxi zur Kläranlage fahren".

Wie kann hier die monetäre Demokratie diesen Unfug beenden? Auf Europa gerichtet werden in der monetären Demokratie die Subventionen vom Volk verteilt. Durch die Transparenz kann eine Aufklärung erfolgen, die die Politiker veranlassen, überholte Gesetze wie von 1935 neu zu gestalten. Für solche lokalen Biokläranlagen sind dann nicht nur die betroffenen Bürger, sondern auch die öffentliche Hand wegen Kostenersparnis dankbar. Der Selbsterhaltungstrieb, den die Abwasserzweckverbände als Firma besitzen, muss durch eine empathische Lösung zwischen den Politikern und den Betroffenen geregelt werden.

Das System der monetären Demokratie wird langfristig stetig mehr und mehr Einfluss auf die Erweiterung und den Erhalt der Infrastruktur nehmen.

4.6 Rentenproblematik

Wir stellen zunächst die Frage, wie die Welt für ältere Menschen auszusehen hat, die durch ihr Lebenswerk die heutige Welt geprägt haben:

1. Eine lebensbejahende Umwelt

   Diese wird gewährt durch einen Staat, der in Frieden und Freiheit lebt. Er besitzt eine funktionierende Infrastruktur mit der Versorgung von Lebensmitteln, Ärzten, Pflegewesen, ein Kommunikationswesen, Mobilität und eine saubere, giftfreie Umwelt mit einem angepassten Klima.

2. Eine gutgehende Wirtschaft

   Es ist immer die erwerbstätige Bevölkerung, die die Kinder und die Rentner zu finanzieren und zu versorgen haben. Damit jedoch die Wirtschaft florieren kann, ist eine lebensbejahende Umwelt Voraussetzung.

3. Ein ausreichendes Einkommen im Ruhestand.

Es gibt in Europa sehr unterschiedliche Renten- und Alterungssicherungssysteme. In den Niederlanden wird eine ausreichende Grundrente vergeben. In Österreich sind die staatlichen Rentenansprüche wesentlich höher als in Deutschland. Am Beispiel des deutschen Alterssicherungssystems zeige ich Gemeinsamkeiten und Gefahren auf.

a) Die staatliche Rente (Generationenvertrag)

   Bei unserer Bevölkerungspyramide ist abzusehen, dass immer weniger Erwerbstätige einen Rentner zu finanzieren haben. Nicht nur in Deutschland, sondern auch in Österreich, stößt dieses System an die Grenzen. Notwendige Reformen, die von der Politik in regelmäßigen Abständen durchzuführen sind, sichern nur über eine begrenzte Zeit die Rentenzahlungen. Die letzte Reform in Deutschland gilt nur bis zum Jahr 2025. In einigen Ländern, wie in Norwegen, soll ein Rentenfonds diesen Gefahren trotzen

   Bereits heute gibt es in Deutschland Altersarmut. Viele Rentnerinnen und Rentner besorgen sich Lebensmittel bei sozialen Einrichtungen (sogenannten ‚Tafeln') und gehen zum Sozialamt, ein für mich demütigender Gang. Jetzt vor den Wahlkämpfen wird über eine Grundrente diskutiert.

b) Eigentum

   Eigentum ist ein real existierendes Vermögen wie z.B. Wohneigentum. Damit können laufende Kosten für Miete entfallen und bei Bedarf veräußert werden. Es ist ein Ergebnis der privaten Lebensleistung.

c) Die Betriebsrente

Mittels Gesetzen und Bestimmungen ist es in Deutschland möglich, dass Arbeitnehmer mit ihren Arbeitgebern eine vertragliche Betriebsrente vereinbaren. Dabei tragen der Arbeitnehmer und der Arbeitgeber jeweils einen Teil der regelmäßigen Beiträge. Dieses System beruht auf Freiwilligkeit und ist sehr ungerecht gegenüber denjenigen, die keine feste Arbeit bei einer Firma haben. Weiterhin ist es ein Zufall, in welcher Firma man arbeitet und mehr oder weniger Betriebsrentenanspruch erhält. Die Firma Fleischmann musste Insolvenz beantragen, da die Ansprüche aus den Betriebsrenten nicht mehr erwirtschaftet werden konnten. Die kleinen Selbstständigen, die ‚Ich-AGs', die Leiharbeiter oder die durch einen Arbeitsplatzwechsel die betrieblichen Bedingungen nicht erfüllen (wie es bei mir der Fall ist), erhalten von dieser Regelung nichts.

d) Die kapitalgedeckte Rente

Diese Rente wird mit Sparplänen oder Einmalzahlungen aufgebaut und wird staatlich gefördert. In einigen Staaten ist sie verpflichtend. Die Anlagen sind Lebensversicherungen, Aktienfonds oder sonstige Wertpapiere. Bis vor wenigen Jahren konnten die Anleger nicht wählen, was die vermögensverwaltenden Institutionen mit dem Geld machen, (siehe Kapitel 4.11). Die Vermögensverwalter investieren mit dem Prinzip der Gewinnmaximierung und nicht in nachhaltig produzierende Unternehmen. Durch die Entwicklung der letzten Jahrzehnte oder Jahrhunderte ergibt sich folgendes Paradoxon:

Menschen sparen für einen angenehmen Ruhestand. Ihr Erspartes fließt in profitorientierte Unternehmen, die stetig das Fundament für ihr eigenes menschliches Leben auf der Erde zerstören– die lebensbejahende Umwelt.

Die monetäre Demokratie ist ein ergänzendes Sozialsystem: konkrete Mitgestaltung der Gegenwart und Zukunft sowie eine zusätzliche finanzielle Absicherung im Alter.

4.7 Volksentscheide ja / nein

Demokratie heißt ‚die Herrschaft des Volkes' und wird häufig durch das Mittel des Volksentscheides legitimiert. Neben der Legitimation einer Entscheidung entsteht auch das Gefühl bei den Wählern, dass sie über ihr eigenes Land entscheiden können.

Die Abstimmung in Irland, ob ein Schwangerschaftsabbruch straffrei bleibt oder nicht, hat dagegen eine andere Dimension. Die Mehrheit bestimmt, wie sich eine einzelne Person verhalten darf. Eine Frau kommt ungewollt in eine für sie verzweifelte Situation, da ihr Kulturkreis keine für sie angemessene Lösung anbietet. Es bleibt ihr nur ein Schwangerschaftsabbruch im Ausland übrig.

Die Werte einer Gesellschaft sind durch Traditionen und Religionen gewachsen und unterliegen zeitlichen Änderungen. In Deutschland gingen die Frauen protestierend gegen den Abtreibungsparagraphen 218 auf die Straße und zwangen die Politik auf eine Änderung des Strafrechts. Auch im Fall der Sterbehilfe maßt sich die Politik In Deutschland an, strafrechtliche Regelungen moralischer Art zu bestimmen. Zwar wurde eine Ethikkommission in die Debatte einbezogen, der betroffene Mensch wird jedoch gezwungen, in die Schweiz oder nach Belgien zu reisen, um seinem Leid zu entkommen. In Deutschland besteht die Angst bei den Politikern, mit solchen Fragen das Volk zu spalten. Dies wird bei der Suche nach einem Kompromiss über das Werbeverbot von Ärzten zur Abtreibung vom Gesundheitsminister Spahn genannt. Ich fühle mich als Bürger entmündigt. Im folgenden Kapitel 4.8 werden Weiterentwicklungen der Demokratie vorgestellt, die meines Erachtens gerade für solche Themen ein wichtiges europäisches Instrument werden können.

In der Schweiz sind Volksabstimmungen üblich. Hier wurde positiv für den Bau des Gotthard-Basistunnels entschieden. Dieser Volksentscheid ist (fast) eine Blaupause für die monetäre Demokratie. Es wurde über einen Teil des Staatshaushaltes abgestimmt. Es wurde für einen Infrastrukturbau abgestimmt, der langfristig eine ‚Gelddruckmaschine' darstellt und sofort positive Auswirkungen auf den Bahn- und Straßenverkehr hat.

Der Neubau von Moscheen wurde dagegen in der Schweiz abgelehnt. Hier tritt ein weiterer Vorteil einer Volksabstimmung zutage. Außenpolitisch kann jetzt ohne Gesichtsverlust der Regierung Investoren der Bau von Moscheen verboten werden.

Die monetäre Demokratie ist eine Art des Volksentscheids, also eine direkte Beteiligung des Volkes am Staatsgeschehen. Hierbei muss nicht mehr eine Mehrheit entscheiden und auch nicht eine Mehrheit in den Parlamenten. Die Mehrheit hat jedoch das Recht, umstrittene Projekte und Entwicklungen zu verhindern oder zu verzögern. Es ist ein neues Mittel der direkten Demokratie und reduziert den politischen Einfluss profitorientierter Unternehmen und Großinvestoren.

4.8 Vorschläge zur Weiterentwicklung der Demokratie

Der Philosoph, Herr Rainer Forst, Mitarbeiter am Frankfurter Excellenz-Cluster ‚Normative Ordnungen‘[27] beschreibt den Zustand in unserer Gesellschaft mit den Worten „…es gibt ein Gefühl, dass die Demokratie nicht mehr funktioniert!“. Er kommt zum Schluss: „Wir müssen eine neue Politik finden, neue Formen der Politik“. Er begründet diese Aussagen durch abgehobene Eliten, Überfremdung, globalisierten Kapitalismus, dass sich niemand um das eigene Volk kümmert. Als Professor für politische Theorien sieht er weltweit einen Siegeszug autoritärer, nationalistischer Parteien oder Figuren. Als Beispiele nennt er die Wahl von Donald Trump, den Brexit oder die Wahl in Brasilien und fasst diese Entwicklung mit dem englischen Ausdruck ‚take back control‘ zusammen.

Vorschläge für Entwicklungen gibt es aus unterschiedlichen Bereichen.

Der chinesische Philosoph Tondong Bai beruft sich auf Konfuzius: „jeder hat das Potential, ein kluger und mitfühlender Mensch zu werden - in Wirklichkeit schaffen es nur wenige“. Er schlägt ein Zwei-Kammer-System vor, ein Unterhaus, dessen Mitglieder direkt vom Volk gewählt werden, und ein Oberhaus. Dem sollen Menschen mit besonderen intellektuellen und moralischen Fähigkeiten, eine Elite, angehören, die zum Beispiel den Brexit hätte verhindern können.

Jason Brennan, Prof. für Politikwissenschaften an der Georgetown University in Washington[28] bezeichnet die meisten Wähler als Hooligans: „Menschen, die Politik begreifen als ein ‚Wir gegen die anderen', unfähig zum vernünftigen Entscheiden." Als Lösung sieht er eine Änderung des Wahlrechts vor: „Nicht jeder soll das gleiche Wahlrecht haben. Wer informierter ist als andere, darf mehr Stimmen abgeben".

In Deutschland unterstützt der Bundespräsident Ideen zur Stärkung der Demokratie mit dem ‚Forum Bellevue zur Zukunft der Demokratie'. In verschiedenen Städten gibt es Entwicklungen, die sich positiv auswirken, z.B. die Bürgerbeteiligung in Filderstadt oder das Programm ISEK.

Einen anderen Weg schlug die Republik Irland ein[29]. Vor ca. 5 Jahren wurden Bürgerversammlungen einberufen, in der zufällig per Los ausgewählte Bürger Politikthemen besprechen und Lösungen der Regierung vorschlagen. Im konservativ katholischen Irland wurde in solchen Bürgerversammlungen die Homo-Ehe besprochen. Diese öffentliche und aktive Teilnahme der Wähler führte zu einem Volksentscheid, bei dem ohne große Demonstrationen der Gegner die Homo-Ehe in Irland eingeführt werden konnte. Zur gleichen Zeit boxte in Frankreich die Regierung von oben die Homo-Ehe durch. Die Folge: Wut auf den Straßen. Die Beteiligung und die Mitsprache sowie der Einfluss, so ein Mitglied einer Bürgerversammlung in Irland, sei das Beste was ihm passieren konnte. Experten sollen ein Modell auch für die EU ausgerechnet haben.

Über diese Art einer Demokratieentwicklung ist in der Presse selten etwas zu lesen oder zu hören. Prof. Dr. Rainer Mausfeld zitiert John Dewey[30]: „Politische Kompetenz ist ein kollektives Attribut, das sich an den Möglichkeiten, an der freien, offenen und wohl informierten Diskussion einer Gemeinschaft ergibt, d.h. politische Intelligenz hängt davon ab, dass der öffentliche Debattenraum in Takt ist. ... Solange bei der Unterrichtung der Öffentlichkeit Geheimhaltung, Parteilichkeit, Vorurteil, Falschdarstellung, Propaganda und schiere Ignoranz überwiegen, gibt es keine Möglichkeit, die politische Intelligenz der Massen zu beurteilen".

Es stellt sich die Frage, wann und wer eine demokratische Struktur weiterentwickelt. Bei historischen, umwälzenden Ereignissen, wie bei

Kriegsende nach dem 2. Weltkrieg, werden neue Verfassungen erstellt, die die Schwachpunkte früherer Verfassungen aufheben wollen. Bei der Wiedervereinigung zwischen Ost- und Westdeutschland wurde die Verfassung der Bundesrepublik Deutschland mit ganz wenigen Änderungen übernommen. Bei der Entwicklung der europäischen Union wurden wesentliche Rechte an die Union abgegeben, bei der EURO-Einführung auch die Hoheit über die eigene Währung. Trotz den als undemokratisch organisierten Institutionen bewerte ich den Europäischen Einigungsprozess sehr positiv.

Zeigen demokratische Verfassungen Schwachstellen, so können Verfassungsänderungen, die durch Parlamentsentscheid oder durch eine Volksabstimmung stattfanden, demokratische Grundprinzipien zerstören. Sie dienen primär der Machterhaltung der jeweiligen Regierung und dem Absolutheitsanspruch, dass ihre Weltansicht auch ihr Volk haben müsse. Diese Rückschritte der Demokratie sind in den letzten Jahren in der Türkei, in Ungarn und in Polen sichtbar.

Wesentliche Mängel einer Verfassung, wie die Gewaltenteilung (Trennung der Executive, Legislative und Judikative) werden selten oder über Jahrzehnte nicht bearbeitet. In Österreich, der Tschechischen Republik und in Deutschland ist die Judikative von der Exekutive nicht getrennt. In Deutschland unterliegt die Richterschaft und Staatsanwaltschaft weisungsgebunden beim Justizministerium. Dies trotz der Erfahrungen in der NS-Zeit, in der die Justiz ‚gleichgeschaltet' wurde, und obwohl meines Wissens in der DDR auf der gleichen Regelung von 1877 Unrechtsurteile gesprochen wurden[31a]. Nur in Großbritannien erfolgte eine Justizreform in den Jahren 2003 bis 2009.

Auch technische Entwicklungen können Ansätze bieten, Demokratien weiter zu entwickeln. Das Wahlrecht in den USA mit Wahlmännern wurde nach meiner Kenntnis eingeführt, da die Größe der USA eine direkte Abstimmung des Volkes erschwerte. Obwohl bekannt ist, dass nicht derjenige Präsident wird, der die meisten Stimme aus dem Volk erhält, gibt es keine Initiative, das dortige Wahlrecht zu ändern.

---

[a] www.gewaltenteilung.de

In Deutschland sind Verfassungsänderungen ‚leicht' durchzuführen, wenn es um das knappe Geld geht. In Kapitel 6.3 beschreibe ich die Aufnahme der ÖPP in die Verfassung. Im Vermittlungsausschuss wir aus Anlass des ‚Digitalpaktes' darüber diskutiert, wie der Bund direkte Finanzierungen in den Aufgabenbereich der Länder erbringen kann (Stand 12/2018).

Die monetäre Demokratie ist eine Ergänzung zu bestehenden staatlichen Ordnungen. Unüberwindbare rechtliche Schwierigkeiten sehe ich in den einzelnen Staaten in Europa daher nicht. In der komplexen Struktur der Europäischen Union sind jedoch einstimmige Lösungen der Regierungschefs notwendig. Das Europäische Parlament hat kein Initiativrecht. Es müssen sich daher aktive Bürger finden, die gemeinsam als Gruppe Druck und Aufmerksamkeit erzeugen, so dass eine stetige Einführung der monetären Demokratie, wie unter Kapitel 6.1 bis 6.3 skizziert wird, beginnen kann. Hierbei ist die Unterstützung der Presse unerlässlich.

4.9 Die Situation in Europa

Europa hat sich von den Montanverträgen über die römischen Verträge, der europäischen Wirtschaftsgemeinschaft, der europäischen Gemeinschaft bis zur heutigen europäischen Union über Jahrzehnte weiterentwickelt. Eine Union zusammenzuschmieden, deren einzelnen Mitgliedsstaaten die unterschiedlichsten kulturellen Hintergründe haben, unterschiedlichste Sozialsysteme und Regierungsformen, die Kriege und Verfeindungen in Jahrhunderten erlebten, ist eine Mammutaufgabe. Das Geflecht der Regierungsinstitutionen zwischen Europäischem Rat, der Europäischen Kommission und dem Europaparlament ist für die Menschen nicht einfach zu begreifen und wird als undemokratisch kritisiert. Die Einstimmigkeit im Europarat hemmt die Politik zu einem wirkungsvollen Handeln. Durch eine große Bürokratie, nicht nachvollziehbaren Gesetzen, wie den Krümmungsgrad einer Gurke (zwischenzeitlich zurückgenommen), erzeugen Groll und Distanz des Volkes zu Europa.

Dieser Entwicklung will die Europäische Union entgegenhalten. Über die Abschaffung der Sommerzeit wurde in 2018 eine Internetbefragung durchgeführt. Die Resonanz in der Bevölkerung war gering. Zum Jahreswechsel 2018/2019 wurde eine Internetpräsenz von der europäischen Union geschaffen: www.what-europe-does-for-me.eu. Hier erfährt der interessierte Bürger den Einfluss der europäischen Gesetzgebung auf das tägliche Leben. Ebenfalls werden die Förderprogramme vorgestellt. Es ist eine Flut von Informationen in 24 Sprachen. Ich frage mich, wer hier die Zeit aufbringt, um sich als ‚normaler' Wähler zu informieren. Die monetäre Demokratie dagegen fordert jeden aktiv auf, durch eine Abstimmung seine Lebensweilt selbst zu bestimmen. Dieses aktive Zugehen zu den Wählerinnen und Wählern bindet sie mehr an Europa als die Wahlen zum europäischen Parlament.

Die Aufnahme der östlichen Nachbarn in die EU nach dem Zusammenbruch der Sowjetunion brachte nicht den Wohlstand für alle, wie sich die Länder erhofften. Das Kapital mit dem Prinzip der Gewinnmaximierung brachte neue Eigentumsverhältnisse und unterlief dabei das Ziel gleicher Lebensverhältnisse für alle Bürger der Union. Einzelne Staaten wandten sich von der Europäischen Union ab und fanden neue Finanzierungsquellen bei China (siehe 4.22).

Heute als selbstverständlich werden die Reisefreiheit innerhalb Europas und die einheitliche Währung im Euroraum wahrgenommen. Andere positive Projekte, die mit europäischen Subventionen erst ermöglicht werden, verschwinden in einer Gesamtbewertung beim Bürger über die Europäische Union.

In der Öffentlichkeit bekommen negative Schlagzeilen einen größeren Widerhall als positive Nachrichten. Wenn für die Subventionspolitik der Begriff Milliardenwahnsinn von der Presse eingeführt wird, verfestigt sich das negative Gefühl gegenüber Europa. Hierzu mehr in Kapitel 4.10.

Die Europäische Union wird als Wertegemeinschaft bezeichnet. Ein starkes, neutrales Element bindet hier der Europäische Gerichtshof. Es wurde z.B. erreicht, dass die Frühpensionierungen der Verfassungsrichter in Polen zurückgenommen worden ist. Trotzdem gibt es Aussagen, dass weltfremde Regelungen aus dem fernen Brüssel kommen, die man nicht einführen möchte. Mit dem Subsidiaritätsprinzip erhofften sich die Bürger, ihre Identität und weitgehende Eigenständigkeit zu bewahren. Sehr problematisch sind die Aussagen von Lokalpolitikern, dass negative Entwicklungen aus Brüssel kommen. Wenn man selbst entscheiden könnte, sähe es im eigenen Land besser aus. Es gab in den Wahlkämpfen in Deutschland leider keine ausführliche Thematik, die Europa in den Fokus stellte[32], wie der ehemalige Außenminister Joschka Fischer formulierte.

Dagegen wird die monetäre Demokratie das Gefühl für Europa verändern und die unterschiedlichsten Europäischen Völker zusammenführen. Jeder Bürger sieht, welche Projekte in seiner lokalen Umgebung umgesetzt werden und kann darüber selbst entscheiden. Ein solches System existiert in keinem Land auf der Welt. Diese Erfahrungen, direkt auch gegen die Untätigkeit oder Ansicht der eigenen staatlichen Regierung mitgestalten zu können, werden den Zusammenhalt und das Zusammenführen Europas wesentlich verändern. Davon können auch die in Europa verzwickten Zuständigkeiten zwischen Parlament, Rat und Kommission entflochten werden. Der Streit um Mitgliedsbeiträge, wie es Frau Thatcher als Britische Premier-Ministerin auf die Spitze brachte und Sonderregelungen durchsetzte, wird entfallen.

4.10 Subventionen und Fördermittel

Es gibt Subventionen unterschiedlichster Art. Dauerhafte Subventionen schützen z.B. eine Branche wie den Agrarsektor oder ermöglichen einen sozialverträglichen Abbau von Arbeitsplätzen, wie die Kohlesubventionen. Forschungseinrichtungen und Labore, auch wenn sie von der Industrie betrieben werden, erhalten projektbezogene Subventionen. Die Politik hat sich auch entschieden, neue Industriezweige zu etablieren, wie das Unternehmen Airbus oder die europäische Raumfahrtindustrie ESA. Diese und ähnliche Subventionen werden von der monetären Demokratie nicht betroffen.

Die von der monetären Demokratie zu ersetzenden Subventionen und Fördermittel haben den Grundgedanken, dass Eigenbeteiligungen notwendig sind, damit ein Projekt finanziert und umgesetzt werden kann.

Im Raum Bonn, entlang der Autobahn und 500 m von den nächsten Wohnungen entfernt, wurde durch Fördermittel ein Kinderspielplatz gebaut – im Nirgendwo. Kommunalpolitiker kritisieren ein Planungschaos unterschiedlicher Ämter. Man hat jedoch die günstige Gelegenheit genutzt, vom Land Fördermittel zu bekommen und einerseits überlegt, was können wir hier noch für Kinder anbieten. Dabei wurde jedoch das Projekt Wohngebiet aus den Augen verloren[33]. Das Projekt als Wohngebiet wird jetzt ausgeschrieben und im Jahr 2020 bis 2022 müsste da etwas ‚passieren'.

Diese Art des ‚Gießkannenprinzips', Gelder in Regionen zu geben, um dort die Lebensbedingungen anzuheben, fördern nicht nur sinnlose Projekte. In der Sendung der Milliardenwahnsinn[34] wird die Korruption und der Missbrauch angeprangert. Dort wird auch verdeutlicht, dass die aktuelle Subventionspolitik und Förderpolitik ineffizient ist. Missbrauch wird deutlich, wenn Subventionen für einen Wellnesspark in der Tschechei für einen Multimillionär vergeben werden oder in Deutschland für einen Hotelkomplex, bei dem der Verantwortliche jetzt in Untersuchungshaft sitzt.

Oder wie die berühmte Eisenbahnbrücke über die Elbe in Tschechien: Zum Großteil bezahlt von der EU mit gut 33 Mio. €, eine moderne Hebebrücke für 3-stöckige Containerschiffe. Das Problem, es gibt in Tschechien keine 3-stöckige Containerschiffe; Schiffsverkehr Fehlanzeige. Die Brücke hat sich in 7 Jahren nicht einmal angehoben. Kann sie auch gar nicht, denn die Schienen wurden fest verschweißt. Vergoldete EU-Millionen - Schuld sind die tschechischen Behörden[35].

Die Abgeordnete Inge Gräßle kontrolliert mit anderen Abgeordneten für das EU-Parlament, was mit Fördergeldern geschieht[36]: „Das was ich sehr häufig sehe, ist die ganz klassische Geldverschwendung, wo man ein Projekt durchführt, das man eigentlich besser nicht durchgeführt hätte; wo man ein Projekt macht, das eigentlich bei nüchterner Betrachtung und näherem Hinsehen eigentlich keiner braucht".

Die Ineffizienz wird auch von der Europäischen Investitionsbank bestätigt. Im Fact Sheet 4-Environment-de zum Juncker-Plan (Stand 2015) ist zu lesen: „Trotz der erheblichen Anstrengungen der Union und ihrer Mitgliedsstaaten werden Bürokratie und Regierungskomplexität in der EU zu langsam und uneinheitlich abgebaut. Dies steht vor allem für KMU (kleine und mittlere Unternehmungen) ein Problem dar. Die heute genutzte Strategie ist aus dem Investitionsplan für Europa (Europäische Fonds für strategische Investitionen EFSI) ersichtlich. Dieser soll Marktschwächen korrigieren, indem bei Investitionsvorhaben ein Teil der Ausfallrisiken durch die öffentliche Hand abgesichert wird, und er soll private sowie öffentliche Mittel weiter mobilisieren[a]. Obwohl genügend Liquidität vorhanden ist, können die Projektträger ihre Vorhaben nicht in Angriff nehmen. Die Investoren verhalten sich übervorsichtig, weil die regulatorischen Hürden hoch sind „... und weiter „der EFSI ist mit 21 Mrd. € ausgestattet, 16 Mrd. € stammen aus dem EU-Haushalt und weitere 5 Mrd. € aus den Rücklagen der EIB (Europäische Investitionsbank). Dadurch kann der Fonds in den nächsten 3 Jahren zusätzliche Investitionen von mindestens 315 Mrd. € anstoßen".

Dieses aus dem Jahr 2015 stammende Dokument erhielt am 23.09.2018 in der Nachrichtensendung ‚Tagesschau' folgenden Kommentar: Europäische Fördermittel von 270 Mrd. € werden nicht abgerufen, unter anderem, da der Eigenanteil nicht aufgebracht werden könne oder Projekte nicht geplant wurden.

Die obigen Ausführungen zeigen deutlich die Fehlentwicklungen der Europäischen Gemeinschaft. ‚Bürokratie und Regierungskomplexität' und ‚regulatorische Hürden' beweisen die Intransparenz und die Entfremdung der Europäischen Institutionen von der Bevölkerung. Die Verteilung von Fördermitteln in die Verfügungsgewalt nationaler Regierungen fördert die Korruption, anstatt sie zu verhindern (siehe Kapitel 4.19). Die monetäre Demokratie dagegen ist transparent und basiert auf die rationalen Entscheidungen kollektiv abstimmender Bevölkerungsgruppen (Kapitel 2.7, vorletzter Abschnitt).

[a] Quelle Europäische Investitionsbank www.eib.org/about/invest-eu

Betrachten wir den Breitbandausbau in ländlichen Gebieten in Deutschland, so ist in den letzten 10 Jahren ein großes Versäumnis zu erkennen. Die Bundesregierung stellt Mittel zur Verfügung, der EFSI hat als Ziel angegeben ‚strategische Infrastruktur' etwa in Telekomunikations-, Verkehrs- und Energiesektor, insbesondere Verbundnetze sowie Stadtentwicklung.

Die hier genannten Beispiele zeigen die Ineffizienz der Subventions- und Fördermittelpolitik. Zu diesem Thema gibt es genügend Ausführungen, Bücher und Filmberichte.

Die Politik muss lernen, dass Investoren nur den eigenen Profit im Auge haben. Dies ist bei KMU, die die meisten Arbeitsplätze in der Europäischen Union haben, eine notwendige Zielvorgabe, um im Wettbewerb zu bestehen.

Die Subventionspolitik ist ein derartig komplexes System, dass sich hierzu sogar Beratungsfirmen etablieren konnten, um Interessenten zu helfen, gerechtfertigte Investitionen zu erhalten.

Die monetäre Demokratie verzichtet auf private Investoren wie Lebensversicherungen, Vermögensverwalter usw. Sie geht davon aus, dass kleinere Unternehmen oder private Bürgerinnen und Bürger, Gemeinderäte und NGOs konkrete Projekte realisieren wollen, die auch von der Bevölkerung akzeptiert und gewollt sind. Es geht also darum, schnell, unbürokratisch und effektiv nachhaltige Projekte zu fördern. Bei der Einführung der monetären Demokratie werden nur geringe Mittel zur Verfügung stehen, so dass ein Anpassungsprozess zu den bestehenden nationalen und europäischen Fördertöpfen langsam erfolgen kann. Das Ziel ist es, so viel wie möglich die ineffektive Subventionspolitik in Europa und in einzelnen Staaten durch die monetäre Demokratie zu ersetzen.

4.11 Kapitalmarkt für die Altersvorsorge

Der Umgang mit Geld ist bei Menschen sehr unterschiedlich. Einer will ein großes Auto, der andere verzichtet darauf und will Geld für die Rente sparen. Ein anderer spart für ein Haus, der andere für Zeiten in der Not. Entsprechend diesen Bedürfnissen gibt es die unterschiedlichsten Möglichkeiten auf dem Kapitalmarkt: Bausparverträge für ein eigenes Haus, Wertpapiere wie Staatsanleihen mit wenig Kursschwankungen für Notzeiten, zeitlich befristete Sparpläne bei Banken wie ein Führerscheinkonto für Kinder, Aktien oder Lebensversicherungen als Anlage für die Aufstockung einer Rente. Spekulationspapiere, um das eigene Einkommen zu erhöhen.

Die monetäre Demokratie steht damit im Wettbewerb zu vorhandenen Kapitalanlegeformen für die Altersvorsorge. Im Folgenden ein Vergleich exemplarischer Beispiele:

a) Lebensversicherung

In der Regel handelt es sich um ein Sparplan, der zu Beginn bei Abschluss hohe Kosten verursacht. Ebenfalls sind Einmalzahlungen möglich, auch schon während der Rentenzeit, wobei sofortiger Rentenzahlungsbeginn erfolgt.

Lebensversicherungen können in Deutschland in Form von vermögenswirksamen Leistungen oder durch Riesterverträge vom Staat finanziell gefördert werden. Während der Laufzeit ist eine Kündigung bzw. der Zugriff auf das angesparte Kapital nur begrenzt möglich, was der monetären Demokratie entspricht. Die Rentenzahlungen sind häufig dynamisch vertraglich festgelegt, z.B. an das staatliche Rentenniveau. Bei dem derzeitigen Kapitalmarkt können die Lebensversicherer leider nicht einmal die Geldentwertung (Inflation) ausgleichen. Ich muss damit rechnen, dass meine Rentenzahlungen in 10 oder 20 Jahren nur noch die Hälfte an Kaufkraft besitzen.

Bei der Ansparphase des Kapitals sollte ein Ertrag von bis zu 7 % erreicht werden, um die Erwartungen des Anlegers überhaupt erfüllen zu können. Hierzu werden die Gelder in unterschiedlicher Art und Weise angelegt, ein Teil durch Gesetze reglementiert in Staatsfonds. Auch Rentenfonds bzw. Lebensversicherungen übergeben die angesparten Kapitalien Vermögensverwaltungsgesellschaften wie BlackRock. Dort erwarten sie eine höhere Rendite als die, die sie selbst erwirtschaften können. Durch das Profitstreben werden jetzt genau diejenigen Unternehmen unterstützt, die im Wettbewerb durch Verzicht auf kostenintensiven Umweltschutz und Klimaschutz, z.B. durch Produktionsverlagerung ins Ausland, die gewünschten Dividenden erwirtschaften.

Hier entsteht das Paradox, dass ein 30-jähriger Familienvater für seine Frau und für seine Kinder eine langfristige Finanzplanung macht, die die Umwelt für seine Kinder im Alter zerstört.

Bei der monetären Demokratie hat der Anleger die direkte Möglichkeit, sein Geld derartig zu steuern, dass nach seinem Empfinden es dorthin fließt, dass es auch in 30, 40, 50 Jahren für eine lebenswerte Umwelt sorgt.

b) Aktienfonds

In Aktienfonds kann man ebenfalls durch einen Sparplan oder durch Einmalbeträge Geld angelegt werden. Der Aktienfonds unterliegt jedoch größeren Schwankungen und wird generell nur empfohlen, wenn man eine langfristige Anlagestrategie sucht. Empfohlen werden u.a. passiv verwaltete Indexfonds.

Am 6.6.2018 empfahl die Sendung PlusMinus als Vorbild für Deutschland die schwedische Altersvorsorge[a]. In Schweden sind Bürgerinnen und Bürger verpflichtet, einen Teil der Einkommen kapitalgedeckt einzulegen. Hierfür stehen 800 Fonds zur Auswahl. Ansonsten nimmt der Staat das Geld und legt es im Staatsfond AP7 an, der in den letzten 20 Jahren 9% Rendite jährlich erwirtschaftete.

[a] https://www.daserste.de/information/wirtschaft-boerse/plusminus/sendung/hr/altersvorsorge-106.htm

Wer bei Aktienfonds nur auf Rendite spekuliert, hat die gleichen Nachteile bezüglich der Umweltentwicklung wie bei einer Lebensversicherung.

Bereits heute gibt es Bankinstitute, wie die Triodos Bank und andere, die sich ethischen Grundsätzen verschrieben haben. Ebenso Plattformen, in denen Projekte finanziert werden, für die von ‚normalen' Geschäftsbanken kein Kredit vergeben werden. Mit der Einführung der monetären Demokratie werden die nachhaltigen Fonds ihren Anteil am Gesamtmarkt von derzeit 2 bis 3 % wesentlich erhöhen.

c) Staatsanleihen

Staatsanleihen sind Wertpapiere, die geringen Kursschwankungen unterliegen und verpflichtend bei Lebensversicherungsgesellschaften mit zur Kapitaldeckung herangezogen werden müssen.

Der Vorteil bei Staatsanleihen, Aktienfonds und Aktien besteht darin, dass der Anleger die Papiere an der Börse jederzeit verkaufen kann und dementsprechend liquide wird. Ein Kursrisiko ist dabei immer vorhanden.

d) Aktien

Nach dem großen Kursverlust der sogenannten ‚Volksaktie', der Deutschen Post, haben in Deutschland die Anleger weniger Vertrauen in Aktienanlagen. Weltweit gibt es jedoch viele ‚Mittelreiche', die sich durch die Kursänderungen ein zusätzliches Einkommen durch ein vorhandenes Kapital sichern. Dieses Phänomen ist bei dem Mittelstand in China genauso zu sehen wie bei Rentnerinnen und Rentner in Europa. Diese Art einer ‚Mischfinanzierung' des notwendigen Lebenseinkommens erfordert viel Kenntnis über den Aktienmarkt und die Inkaufnahme von Kursverlusten. Damit rückt die Verwaltung von Wertpapieren in das tägliche Leben. Für die eigene Alterssicherung gelten die gleichen Nachteile.

e) Gold und Rohstoffe

Auch Gold wird häufig als Kapitalanlage genutzt und unterliegt den regelmäßigen Kursschwankungen. Auch hier steht die Hoffnung im Mittelpunkt, dass Gold eine sichere Anlage ist und auch im Alter ein materiell geschütztes Leben ermöglicht.

f) Sonstige Wertpapiere

Darunter sammle ich solche Papiere, die eine hohe Rendite versprechen. Dieses Versprechen reizt Anleger, darin zu investieren, da sie der Überzeugung sind (*liebgewordene Selbstverständlichkeit*), einen gesicherten Ruhestand finanzieren zu können.

Immer wieder gibt es Berichte, dass dabei windige Geschäfte gemacht werden und die Anleger in die Gefahr laufen, ihr gesamtes Kapital zu verlieren. Wenn für die Altersvorsorge ein Gesamtbetrag von Gisela S. von 90.000 € bei P&R investiert wurde[37], so kann man dies als Nichtbetroffenen als ‚leichtsinnig' ansehen. P&R hat Container als Investition verkauft, an Speditionen vermietet und den Käufern einen Rückkauf nach 5 Jahren versprochen. In den letzten Jahren verkaufte P&R an 54.000 Anleger Container, die insgesamt rund 3,5 Mrd. € in die Firma aus Grünewald bei München anlegten.

Vor Jahren hat die Firma PROKON mit Windkraftanlagen hohe Rendite von 10 % und mehr versprochen. Die Anleger sahen zum einen diese Rendite, also der Glaubenssatz viel Geld – sicheres Alter, zum anderen eine Alternative, um Energiegewinnung ohne Umweltbelastung zu unterstützen. Wie bekannt, ging PROKON in die Insolvenz und die Anleger konnten die bereits installierten Windanlagen übernehmen und bildeten eine Genossenschaft.

Bei diesen zwei Beispielen sieht man, dass sehr viel Kapital vorhanden ist, das angelegt werden will. Im Wesentlichen sind es Ersparnisse aus der eigenen Lebensleistung oder durch Erbfälle, die die Eltern während der Zeit des Wirtschaftswunders in Deutschland erwirtschaften konnten. Insofern gehe ich davon aus, dass bei der Einführung der monetären Demokratie große Kapitalien als zusätzliche Leistungen in den Rentenfonds fließen.

Bei der monetären Demokratie erfolgt genau die entgegengesetzte Wahrnehmung. Das Geld ist sicher, es wirkt generationsübergreifend und Du wirst deinen wohlverdienten Ruhestand genießen.

g.) Eigentum mit Nutzungsrecht

Relativ neu ist der Verkauf des Eigenheims mit lebenslangem Wohnrecht. Der Vorteil ist hier, dass sich die Menschen im Alter nicht mehr um ihr Vermögen zu kümmern haben, sondern ihren Hauptaugenmerk auf den wohlverdienten Ruhestand richten können. Das Anlageprodukt der monetären Demokratie befriedigt genau diese Klientel mit dem Zusatz, dass sie wissen, wofür ihr Geld eingesetzt wird.

Für den heute bestimmenden Kapitalmarkt kann die Aussage aus Kapitel 4.4 wiederholt werden:

Menschen sparen für einen angenehmen Ruhestand. Ihr Erspartes fließt in profitorientierte Unternehmen, die stetig das Fundament für ihr eigenes menschliches Leben auf der Erde zerstören – die lebensbejahende Umwelt.

Die monetäre Demokratie ist ein attraktiver Wettbewerber im klassischen Finanzkapitalismus. Zusätzlich gibt es eine Mentalitätserweiterung bei der Bevölkerung, dass Kapital nicht nur für Gewinnmaximierung, sondern auch zur Gestaltung der Welt verbunden mit Eigennutz eingesetzt werden kann.

4.12 Autonomiebestrebungen einzelner Regionen

2017 / 2018 waren Spanien und Europa mitgeprägt von den Autonomiebewegungen von Katalonien. Auch in Rumänien wollen die ungarisch sprechende Bevölkerung, die Szekler, eine Autonomie erreichen. In beiden Beispielen wird die kulturelle Identifikation, auch die Sprache, von der Zentralregierung akzeptiert.

In Interviews bei Demonstranten kommt immer wieder die Argumentation, dass die eigene wirtschaftlich prosperierende Region Gelder an die Zentralregierung zukommen lassen muss, ohne selbst davon zu profitieren. Dies wird als eine ungerechtfertigte Enteignung wahrgenommen, wobei auch unterstellt wird, dass die Zentralregierungen nicht ordentlich und sinnvoll mit den Geldern umgehen.

Die monetäre Demokratie kann hier befriedigend wirken. Gelder können von den Bürgerinnen und Bürger einer Autonomiebewegung ihrer Region zugeordnet werden. Befürworter und Gegner einer Autonomie können auch innerhalb einer Familie sein. Durch eine geheime Wahl, wie es die Abstimmung bei der monetären Demokratie garantieren muss, werden Konfliktsituationen seltener. Durch die Präsentation aller Projekte kann auch ersehen werden, dass Gelder aus anderen Ländern oder Regionen einem konkreten Großprojekt zufließen. Diese Solidarität verbindet unterschiedliche Regionen mit der Institution, die die monetäre Demokratie eingeführt hat. Die gleiche Argumentation gilt für ein Zusammenwachsen der Mitgliedsstaaten in der Europäischen Union.

4.13 Außen- und Entwicklungshilfepolitik

Die internationale Politik wurde jahrhundertelang durch Machtstreben, Wirtschaftsinteressen und Ideologien bestimmt.

In der Kubakrise 1961 standen sich die Blöcke USA und Sowjetunion gegenüber. Sie wollten ihre Einflusssphären erweitern, sei es durch eine Weltrevolution des Kommunismus, sei es durch den Kapitalismus.

Im Nahen Osten mussten die Völker über Jahrzehnte bis heute viel Leid ertragen. Neben der Kolonialzeit wurde nach dem Ende des 1. Weltkrieges durch das Sykes-Picot-Abkommen Staaten wie Irak, Libyen auf der Landkarte mit dem Lineal begründet. In den 1930 Jahren marschierten die Gruppen von Mussolini in Äthiopien ein und der Kaiser Haile Selassie fühlte sich vom Völkerbund alleingelassen. Die Entwicklung von Syrien nach dem 2. Weltkrieg war mit Blut behaftet und bis heute herrscht dort Krieg. Es ist daher nachzuvollziehen, dass das Vertrauen dieser Länder in die westliche Welt, Politik und Kultur zerstört ist.

Der Begriff Bananenrepublik rührt daher, dass Großkonzerne aus den USA klimatisch bevorzugte Regionen und Staaten mit Monokulturen überzogen. Diese wirtschaftliche Macht hat in den betroffenen Staaten mit zu einer korrupten Elite und einer Armut in der Bevölkerung geführt. Nicaragua kämpft bis heute mit den Folgen. Auch heute wird das Großkapital hofiert und von internationalen Institutionen dazu aufgefordert. Zitat[38]: „Dadurch bekommt das Kapital, also die Großindustrie, die Großkonzerne, nicht nur wie bisher die Macht, eine Bananenrepublik, eine Kakaorepublik wie die Elfenbeinküste Ghana zu dominieren, sondern sie bekommt sogar noch das offizielle Siegel, dass sie sich darum bemühen müssen“.

Die Außenpolitik von China will die Fehler der westlichen und russischen Diplomatie vermeiden[39]. Ein zweites Syrien soll nicht wiederholt werden. China ist selbstbewusst und es ist bekannt, dass China eine Außenpolitik pflegt, die mit eine Win-win-Funktion beinhalten soll (siehe Kapitel 4.22).

Betrachten wir die Energiegewinnung in Polen oder China, so ist sie wesentlich durch die Kohleverbrennung bestimmt. Andere Schwellenländer beabsichtigen, neue Kohlekraftwerke zu bauen, wie z.B. Bangladesch. In den USA sollen nach dem Willen von Trump die alten Kohlebergbaureviere wieder zur Blüte kommen. Diese nationalen Interessen rühren aus der Verantwortung der Politiker, dass es ihrem eigenen Volke gutgeht und alle am Wohlstand teilhaben können.

Die monetäre Demokratie kann Konflikte auf Grund von religiös-ideologischen Motiven nicht beeinflussen. Der Konflikt zwischen Iran und Saudi-Arabien postuliert sich im grausamen Stellvertreterkrieg im Jemen. Die Freiheitsbestrebungen der Ukraine führten zu einer militärisch geführten Aktion von Russland, so dass die Krim annektiert wurde und in der Ostukraine noch kein Frieden geschaffen wurde. Bei solchen Konflikten hat die monetäre Demokratie keinen Einfluss, sondern kann Vorbild für internationale Zusammenarbeit werden.

Es gibt keine Regierungsform auf der Welt, sei es eine Demokratie oder eine Diktatur, sei es ein Staatskapitalismus oder ein Königreich, die in der Lage ist, im eigenen Land an jedem Ort eine befriedigende Infrastruktur zu garantieren. Wohl wissend dieser Kenntnis sind internationale Vereinbarungen jeweils mit den Regierenden zu treffen, auch wenn sie den Menschenrechten nach nicht genügen.

Die monetäre Demokratie ist auf das Wohlwollen der Regierungen nicht angewiesen. Sie fußt auf den Bedürfnissen der Menschen, die von anderen Menschen unterstützt werden, siehe z.B. 5.8 Kläranlage in Indien.

4.14 Bildung und Erziehung

In Deutschland ist der Ruf nach Bildung, Bildung, Bildung allgegenwärtig. Zum einen wird der Lehrermangel beklagt, zum anderen die Schulgebäude, die teilweise in unzumutbarem Zustand sind oder die mangelnde Ausstattung mit Computern und Zugang zum Internet. Im zweiten Fall kann die monetäre Demokratie direkt einwirken, wie an einem exemplarischen Beispiel bei 5.1 bei einer Brücke geschildert wird.

Im Kern geht es hier um die Bildungsinhalte. In den 1970er Jahren wurde an meiner Schule diskutiert, in wieweit eine humanistische Bildung für ein erfülltes Leben notwendig ist, andererseits die Bedürfnisse der Wirtschaft derart zu erfüllen, dass der Berufseinstieg erleichtert wird. Dann gibt es bei uns freie Schulen, wie die Waldorfschulen, die den Menschen in den Mittelpunkt stellen. Die Geschichte hat uns gezeigt, dass humanistische Bildung weder den 1. noch den 2. Weltkrieg verhindern konnte.

Es sind also weitere Inhalte den Kindern und Jugendlichen zu vermitteln, um unsere demokratische Wertvorstellung zu erhalten.

In den Lehrplänen und den Arbeitsgemeinschaften gibt es Angebote, die den Jugendlichen die Demokratie näherbringen. Es gibt Kurse zur Streitkultur, es gibt die Schülermitverwaltung, es gibt Jugendparlamente in Gemeinden. Der Philosoph Rainer Forst, tätig im Frankfurter Exzellenzcluster ‚Normative Ordnungen'[40] spricht hierzu: „Ja, die Demokratie kann nicht existieren, so dass schon in den frühen Lebensphasen, in all den sozialen Institutionen, in denen Kinder aufwachsen, Demokratie gelernt wird. Das hat etwas mit Toleranz, mit Solidarität, mit einer ganzen Reihe von Haltungen zu tun, die man einüben muss. Das hat aber auch etwas mit dem Gerechtigkeitsempfinden zu tun …".

Herr Wolfgang Thierse und Prof. Dr. Norbert Lammert, beide ehemals im Präsidium des Deutschen Bundestages, sind sich darüber einig, dass zur Demokratie der Streit gehört, also das Ringen um die beste Lösung. Auch der Autor Heinz Buder, dessen Bücher über den Zustand der deutschen Seele und der deutschen Gesellschaft Klassiker der Soziologie sind[41], meint: „Ich glaube schon, wir brauchen in Deutschland … mehr Streit über die Grundfragen unserer Zukunft".

Herr Wolfgang Thierse[42] sagt: „Die Erwartung, dass die Demokratie meine Wünsche nach Wohlstand und Sicherheit unmittelbar und schnell erfüllt, das kann Demokratie nicht. Gerade weil Demokratie Streit ist zwischen unterschiedlichen Meinungen, dauert sie. Das verlangt Geduld, entsetzlich viel Geduld … wir wissen es doch aus der Geschichte, ein Diktator kann schnell sein, die Zeche bezahlen alle anderen".

Lernen die Jugendlichen also Streitkultur, Haltungen und Geduldüben, so sieht der Unterricht in beruflichen Schulen konkret anders aus. In Übungsfirmen werden die Grundlagen des Kapitalismus, also die Gewinnmaximierung und der Wettbewerb, praxisnah geübt. Immer wieder gibt es in Zusammenarbeit mit Firmen Wettbewerbe für Jugendliche und Auszubildende, wie sie sich im freien Markt verhalten müssen, um möglichst großen Gewinn zu erzielen. Im Newsletter vom 21.11.2018 von FINANZTIP wird bekanntgegeben, dass FINANZTIP gemeinsam mit dem renommierten IZOP Institut in bundesweit mehr als 80 Klassen und Kursen für mehr Finanzbildung bei Jugendlichen sorgen werden. Jeden Abend vor der Abendschau im 1. Programm kommt die Sendung ‚Börse vor 8'. In den Schulen gab es Lehrerinnen und Lehrer, die Aktien ankauften (auch mit Taschengeld der Schüler) und die Schülerinnen und Schüler aufforderten, die Aktienkurse zu studieren. Jeden Abend erhalten also die Schüler ein direktes Feedback und lernen, wie man mit Spekulationen reich werden kann.

Bei einer Befragung der Schulleiterin und Schulleiter im Rahmen der Pisa-Studie 2006[43] wurde offensichtlich „dass knapp 87 % der 15-jährigen Schülerinnen und Schüler hierzulande eine Schule besuchen, an der Wirtschaft und Industrie Einfluss auf die Lehrinhalte ausüben". Und weiter in derselben Quelle: „...immer mehr Unternehmen, Wirtschaftsverbände, Industrie- und Handelskammern, arbeitgebernahe Stiftungen drängen in den einzigen Schonraum Schule. Allein 16 der 20 umsatzstärksten Unternehmen in Deutschland bieten mittlerweile kostenlose Unterrichtsmaterialien an, um der nachfolgenden Generation ihre Sicht auf die Dinge zu vermitteln".

Die Jugend unserer Gesellschaft wird trainiert, den Kapitalismus als primäres System in sich aufzunehmen, denn Geld bedeutet Wohlstand und ein glückliches Leben; Demokratie bedeutet jedoch Streit und Geduld.

Die jahrzehntelange Schulung im erfolgreichen System des freien Marktes wirkt sich bis in die Politik und deren Entscheidungen aus. Dabei spreche ich nicht von den Verfechtern der freien Marktwirtschaft, sondern auch von Lösungsansätzen kritisch denkender Politiker. Die Einführung der Fallpauschale im Gesundheitssystem, die private Zulassungsstellen für Implantate oder die privaten Senioren- und Pflegeeinrichtungen sind von der *liebgewordenen Selbstverständlichkeit* geprägt, dass der Markt alles regelt (siehe Kapitel 8.9). Dies führt zu der Aussage, dass der Mensch für die Wirtschaft da ist, anstatt die Wirtschaft für den Menschen. Die monetäre Demokratie wirkt sich nicht auf die genannten Beispiele aus, da es sich um laufende Kosten handelt. Eine langfristige Mentalitätsänderung wird andere Realisierungsmöglichkeiten aufzeigen.

Jugendliche und Erwachsene werden mit dem Problem der Klimapolitik, der teilweise sanierungsbedürftigen Infrastruktur und vielerorts in Deutschland mit einem Funkloch konfrontiert. Sie sehen sich im Vergleich zu anderen Staaten in einigen Punkten abgehängt – und sollen Geduld üben lernen.

In der Sendung ‚Frag den Lesch' wurde die These aufgestellt, dass die Leugner des Klimawandels eine Ethik des 19ten Jahrhundert besäßen. Die Menschen sahen damals nur ihr individuelles Umfeld, also die Gemeinde, das Land und vielleicht den Staat. Zeitlich nahmen Sie nur eine oder zwei Generationen wahr, die ihrer Eltern und die ihrer Kinder. Eine theoretische Ethik für die globale Welt und über unfassbar lange Zeiten muss erst noch entwickelt werden.

Die monetäre Demokratie greift genau diese Thematik auf, wobei das Volk selbst schnell handeln kann und regelmäßig monatlich eine Rückmeldung erhält. Werden die Projekte und Projektrealisierungen durch Kurzfilme vor den großen Nachrichtensendungen präsentiert, so gibt die Demokratie dem Volk ein Gefühl der Verantwortung und der Mitgestaltung. Ich plädiere deshalb dafür, dass in den Schulen Schüler ab dem 16. Lebensjahr mit der monetären Demokratie vertraut gemacht werden. Welches Erstaunen wird bei den Jugendlichen entstehen, wenn sein/ihr Name durch die Steuernummer / Sozialversicherungsnummer beim Staat bekannt ist. Die neue, demokratisch und bürgernah organisierte EU wird den Jugendlichen erlauben und verlangen, 10 € einem Projekt zuzuordnen und die Realisierung zeitnah erleben zu dürfen. Es wird ein stärkeres Gefühl geben als die erste Wahlkarte, die man nach dem vollendeten 18. Lebensjahr erhält, um an den demokratischen Wahlen teilzunehmen. Es ist jedoch mehr, es ist eine aktive Teilnahme an unserer Demokratie. Es kann die Grundlage für eine ‚theoretische Ethik für die globale Welt und über unfassbare lange Zeiten' entstehen.

4.15 Verhältnis zwischen Volk und Politiker

Der ehemalige Bundestagspräsident, Herr Dr. Norbert Lammert, definiert das Verhältnis Regierung zu Volk mit den Worten[44]: „Das Grundprinzip der Demokratie ist, dass jede Macht, jede Entscheidungskompetenz, die irgendjemand anvertraut wird, sich zurückführen lassen muss auf eine Entscheidung des souveränen Volkes und aller seiner Mitglieder".

Herr Wolfgang Thierse bestätigt, dass die Urne ein ganz kostbares Grundprinzip unserer Demokratie ist[45] und fährt fort: „Demokratie muss auch mit Unverstand, mit Dummheit leben, so wie sie mit Arroganz und Frechheit, Unverschämtheit auch leben muss". Auch wenn die Worte Unverstand und Dummheit unglücklich gewählt sind, könnte dies mit eine Ursache folgender Bewertungen sein, wie sie in der Sendung Kulturzeit[46] in einem Vorfilm zu einem Interview benutzt werden: „Für immer mehr wird das demokratische System zum Trugbild, Scheindebatten, durchsichtige Wahlkampfmanöver, Placebo-Diskussionen und immer sind die anderen schuld. (Politiker) meiden klare Worte, um nicht angreifbar zu werden. Sie reden, wie sie reden, weil sie dem Wähler nicht zutrauen, sich mit Inhalten zu befassen. Statt zu engagierten Demokraten werden Wähler zu Konsumenten gut verpackter Werbung. Unser Bild von Demokratie ist das Ergebnis jahrzehntelanger Konditionierung. Erzieht die politische Elite ihre Bürger systematisch zur Unmündigkeit? Scheinbar klare Lösungen, scheinbar klare Politik. Das ist der Kern populistischer Erfolge, einem Fieber gleich, das auch etablierte Parteien erfasst. Irrationale Identifikationsangebote, denen kaum jemand glauben will. Von Eliten, die immer für sich in Anspruch genommen haben, das Volk auch zu erziehen. An der Urne sind 10 Deutsche eben wichtiger als 5".

Die Philosophin Svenja Flaßpöhler ist Chefredakteurin des Philosophie-Magazins und nimmt als Interviewpartnerin wie folgt Stellung: „..., dass sich an diesem Verhältnis von Elite und Volk, ein sehr, sehr schwieriger Balanceakt, das Gelingen der Demokratie wirklich entscheidet". Sie erläutert die zwei Extreme mit dem spanischen Philosophen Ortega y Gasset, der gesagt hat, „das Volk ist dumm und verführbar durch Populisten ... und deshalb müssen Eliten das Volk schützen vor dieser Verführbarkeit ... Die andere Weise zu denken ist aber das, was wir gerade erleben und was die Causa Maaßen zeigt, nämlich, dass die Elite das Volk für dumm verkauft, d.h., dass die Elite das Volk für viel zu dumm hält ...und das ist tatsächlich ein ganz schwerwiegendes Problem, mit dem wir heute zu kämpfen haben".

Frau Flaßpöhler weist auf 3 Punkte hin, die sie zur Lösung der aktuellen Problematik sieht:

Erster Punkt: „Eine Regierung, die das Vertrauen ihrer Bürger genießen will, muss Mut beweisen ... sie muss an Idealen festhalten ... zu einer Radikalität einer Entscheidung im rechten Augenblick."

Den zweiten Punkt fasst sie im Begriff Vertrauen aus: „Natürlich muss das Volk den Eliten vertrauen. Das ist doch vollkommen klar, aber umgekehrt müssen auch die Eliten dem Volk vertrauen, in die Mündigkeit des Volkes. Eliten dürfen das Volk nicht behandeln wie dumme Kinder, sondern sie müssen in die Mündigkeit der Bürger vertrauen".

Als dritter Punkt wird die Bildung angeführt.

Betrachte ich den enormen Druck, den Politiker und Politikerinnen ausgesetzt sind, die Komplexität der zu lösenden Aufgaben, die ein einzelner Mensch gar nicht erfassen kann, so ist der zweite Punkt von Frau Flaßpöhler hervorzuheben. Die Eliten, die Politiker, müssen Vertrauen in Entscheidungen des Volkes haben.

Konrad Adenauer hat sich sinngemäß geäußert, dass Politik dann erfolgreich ist, wenn sie komplexe Zusammenhänge einfach darlegen kann.

Bei politischen Wahlen in repräsentativen Demokratien sind Politiker gezwungen, vereinfachte Antworten anzubieten. Die Wähler und Wählerinnen richten ihre Wahlentscheidung jedoch stark nach der Persönlichkeit und den eingängigen Argumenten aus, die ihnen ein positives Gefühl geben: ‚Dieser Mann, diese Frau kann meine persönliche Situation verbessern'.

Vielleicht ist das Verhältnis von Politikern zum eigenen Volk geprägt durch die Worte von Hannah Ahrendt:

"Die Effektivität der Propaganda demonstriert eine Hauptcharakteristik moderner Massen: Sie glauben an nicht Sichtbares, an die Realität ihrer eigenen Erfahrung, trauen nicht ihren Augen und Ohren, sondern allein ihren Phantasien. Was die Massen überzeugt, sind keine Fakten, noch nicht einmal erfundene Fakten, sondern die Konsistenz der Illusionen."

Bei der Wahl von US-Präsident Donald Trump wurde aufgedeckt, dass die britische Softwarefirme Cambridge Analytica Wähler mit bestimmten Informationen über die neuen Medien unterrichtete. Man verschwieg negative Äußerungen des eigenen Kandidaten und platzierte negative Äußerungen und Ereignisse des Gegenkandidaten. Selbstverständlich wurden die Erfolge des eigenen Kandidaten hervorgehoben. Das Ganze wurde noch ergänzt durch sogenannte ‚Fake News', die offensichtlich widerlegt wurden. Allein bei der Anzahl der Bürger, die während der Vereidigung von Präsident Trump am Kapitol standen, ist der Wahrheitsgehalt der Aussage von Hannah Ahrendt ersichtlich.

Die monetäre Demokratie eröffnet eine zusätzliche Möglichkeit für die Bevölkerung, einfache Entscheidungen selbst zu treffen und zu beeinflussen. Der Wähler oder die Wählerin weiß genau, was für sie selbst wichtig ist: eine Brücke, ein schnelles Internet oder eine Kläranlage in Indien.

Das Vertrauen der Politiker und Politikerinnen in das Volk darf noch weiter gefasst werden. Es gibt unterschiedlichstes Fachwissen in der Bevölkerung, auf das die monetäre Demokratie zugreifen wird. Durch die Transparenz, die für jedes Projekt öffentlich gemacht werden muss, werden interessierte Fachleute eine Kontrollfunktion ausüben können, wie es mit parlamentarischen Mitteln oder Staatsanwälten nicht möglich ist.

4.16 Öffentliche Haushalte

Seit es Regierungen gibt, sind öffentliche Haushalte chronisch unterfinanziert. Dies hat meines Erachtens mehrere Ursachen. Öffentliche Mittel sind direkt dazu da, um die Menschen über Sozialleistungen finanziell abzusichern. Es wird eine Infrastruktur aufgebaut, die ein Leben und Wirtschaften angemessen garantieren soll. Hierzu gehören innere Sicherheit, das Bildungssystem, die Verwaltung und das Rechtssystem, genauso wie Straßen und Wasserversorgung usw. Hierfür sollten die Mittel eigentlich ausreichen. Demgegenüber stehen Verschwendungen, wie sie im Schwarzbuch vom Bund der Steuerzahler oder vom Bundesrechnungshof aufgedeckt werden. Wie bei Subventionen ausgeführt, siehe Kapitel 4.10, werden aufgrund bestehender Finanzstrukturen und *liebgewordener Selbstverständlichkeiten* unnütze, aber publikumswirksame Projekte realisiert.

Die Finanzkrise im Jahr 2008 verschlang Steuergelder in unvorstellbarer Höhe, um das Wirtschaftssystem des Neoliberalismus zu stützen. Ein Zusammenbruch hätte unvorstellbare zerstörerische Konsequenzen für die Realwirtschaft bedeutet.

Mit dem Maastricht-Vertrag wurden Kriterien eingeführt, die eine Überschuldung eines Staates verhindern sollen. Die Regierungen mussten mit der Einführung des EURO lernen, Haushaltslöcher nicht durch eine exzessive Geldpolitik zu begegnen.

Die schwäbische Haushaltsregel ‚man gibt nur das Geld aus, was man hat' oder das Sprichwort ‚spare in der Zeit, so hast du in der Not' wurde nie eingehalten. Die volkswirtschaftliche Regel nach M. Keynes, dass bei einer gutlaufenden Konjunktur der Staat Gelder zurücklegt, um bei einer Schwächung der Konjunktur diese zu bekämpfen, wurde ignoriert. Bei gut gehenden Steuereinnahmen wurden und werden den Bürgern ‚Geschenke' gegeben, denn die nächsten Wahlen stehen immer an.

Die monetäre Demokratie ist ein System, das Steuermittel effektiv einsetzt und Steuerverschwendungen reduzieren wird. Bei der Entlastung der öffentlichen Haushalte ist darauf zu achten, dass weitere Sozialgeschenke an die Bürger auf Schuldenbasis verhindert werden. Es könnte sein, dass die Maastricht-Kriterien für eine Neuverschuldung eines Staates verschärft und angepasst werden müssen.

4.17 Überforderung des Menschen in der heutigen Zeit

Gehören Sie zu der Gruppe von Menschen, die schon ihren Stromanbieter gewechselt haben? Oder gehören Sie zu deutlich mehr als die Hälfte der Deutschen, die einer Bitkom-Umfrage zufolge in ihrem Leben noch nie den Stromanbieter gewechselt hat?

Und wenn Sie zur ersten Gruppe gehören, welchen Tarif haben Sie genommen? Wie überprüften Sie die Seriosität des Anbieters? Und wie viel Zeit haben Sie bei der Suche nach einem neuen ‚Versorger' gebraucht? Haben Sie auch schon die Krankenkasse gewechselt, die Haftpflicht- und Hausratsversicherung, die KFZ-Versicherung? Sind Sie sicher, dass Sie den günstigsten Handytarif haben? Sind Sie dann noch ein Schnäppchenjäger? Fahren Sie von einem Supermarkt zum anderen, um die Margarine um 13 Cent günstiger einzukaufen?

Können Sie ihre Stromrechnung oder ihren Rentenbescheid verstehen? Und wie sieht es dann mit ihrer kapitalgedeckten Altersvorsorge aus? Haben Sie eine Kapitallebensversicherung, Aktien oder Gold? Oder glauben Sie noch an die Riester-Rente, an der die Versicherungsbranche am meisten verdient? Oder gehen sie lieber auf ‚Nummer sicher' und bauen sich ein Eigenheim, das größtenteils der Bank gehört? Haben Sie wirklich die langfristig günstigste Finanzierung gewählt?

✓ **Der Kapitalismus braucht aufmerksame Marktteilnehmer**

Der technische Fortschritt hat unsere Welt verändert – und erfordert unsere ganze Aufmerksamkeit. So hilfreich ein Smartphone auch ist, so alltäglich uns der Umgang mit dem PC erscheint, so müssen wir uns auch gegen Gefahren schützen. Sei es der ‚Datenklau' oder Viren und Trojaner. Und es kommt die Fabrik 4.0 mit der KI. Sind Sie wirklich firm darin?

✓ **Der technische Fortschritt fordert uns**

Und was hören wir von der Politik und in den Nachrichten. Der Klimawandel, die Finanzkrise, Terrorismus, Kim Jong-Un in Nordkorea, Trump in den USA, Syrien, Irak und Afghanistan. Können Sie das alles geistig verarbeiten, verstehen? Erkennen Sie Narrative (siehe Kapitel 8.5)? Und dann droht durch Populisten ein Rechtsruck, ein Nationalismus in Europa! Welche Partei können Sie wählen, welchen Politikern vertrauen? Und welchen Nachrichten schenken Sie glauben? Können Sie zwischen ‚Wahrheit‘ und ‚Fake‘ unterscheiden? Sind Sie vom Dieselskandal betroffen? Stimmt der Grenzwert von 40µg NO_2 oder ist eine Überschreitung ungefährlich, wie es überzeugend die Reportage ‚Das Diesel-Desaster‘[47] darlegt? Wissen Sie: wenn ein Mensch eine Aussage immer wieder hört, dass er sie als richtig annimmt? Respektieren Sie auch gegenteilige Meinungen? Trauen Sie unseren Politikern? Wie gehen Sie mit der Informationsflut um?

✓ **Demokratie ist ein Geschenk, das mündige Bürger braucht**

Spenden helfen in Krisengebieten, aber wo kann ich am effektivsten helfen? Das Ehrenamt wird gelobt und gebraucht, sei es bei den Tafeln, sei es während der Flüchtlingswelle. Bin ich mehr für den Tierschutz oder für den Umweltschutz? Kann ich als ‚kleiner Mensch‘ überhaupt etwas Positives bewirken? Oder überlassen Sie alles dem Staat, den Kirchen, den gemeinnützigen Vereinen, also den ‚anderen‘?

✓ **Eine Gemeinschaft braucht Engagement**

Verlangt ihre Arbeit nicht volle Konzentration? Nehmen Sie Arbeit mit nach Hause? Sind Sie privat für den Arbeitgeber erreichbar? Die Arbeit, mit der wir unser tägliches Brot verdienen, verlangt volle Konzentration. Leiden Sie an einem Burn-out oder haben Sie schon die Volkskrankheit Depression? Haben Sie Angst vor Arbeitslosigkeit oder Armut im Alter? Sind Sie in Leiharbeit oder fest angestellt? Geht es ihrer Firma gut?

✓ **Der Beruf fordert: Im Schweiße deines Angesichts ...**

Und leben - sei es in der Familie mit Partner und Kindern, sei es als Single, sei es, Zeit für ein Hobby zu haben oder im Verein - wollen Sie das nicht auch? Machen Ihnen ihre pubertierenden Kinder keine Sorgen? Wie gehen Sie mit der Verantwortung für ihre Familie um? Gibt es unnütze Streitereien in der Familie? Und dann kommen die Gebühren, nicht nachvollziehbare Gesetze und Regeln, Steuern, die die Reichen reicher und die Armen ärmer machen. Reicht eigentlich ihr Geld bis zum Monatsende?

- ✓ **Der Mensch setzt Prioritäten für sein individuelles Leben und verzeiht sich selber, wenn er den Stromanbieter noch nie gewechselt hat**

Die vielen negativen Berichte in der Presse, nicht nur über den Klimawandel, sondern auch über Korruption, Subventionsschwindel, Überbevölkerung usw. kann beim Einzelnen das Gefühl der Hilflosigkeit erzeugen, das bis zu Verzweiflungsgefühlen kommen kann. Hier übertrage ich die Aussage von Prof. Dr. Klaus Lamm[48] über das Leid anderer: „Es gibt einen natürlichen Schutzmechanismus, sich nicht immer dem Leid anderer … auszusetzen. Es ist also nicht moralisch verwerflich, dies prinzipiell zu tun und dass wir diese Fähigkeit haben."

Die heutige Situation erinnert mich an die Zeiten des kalten Krieges. Sich vorstellen zu müssen, dass die Erde durch Atomraketen vernichtet werden kann, musste zumindest zeitweise verdrängt werden, um eigenes Leben nicht zu gefährden. Die Mehrheit wendet sich ab.

- ✓ **Demokratien sind in Gefahr - sie brauchen ein Update!**

Die monetäre Demokratie entlastet die Bürgerinnen und Bürger. Vom häuslichen PC kann man seine Umwelt selbst mitbestimmen. Für die Altersvorsorge darf man den Kapitalmarkt mit seinen Gefahren ins Abseits schieben. Die Informationen sind keine ‚Fakes' mehr. Mit Freundinnen und Freunden kann man etwas Großes bewirken, ohne selbst Geld zu haben.

Die monetäre Demokratie verbindet die Individuen mit gemeinschaftlichen Aufgaben.

4.18 Die Medien / Presse / Debattenraum

Die Presse und die Medien konstituieren den öffentlichen Debattenraum[49]. Sie sind den Marktgesetzen ausgeliefert und achten auf die Auflagenstärke ihrer Zeitung oder auf die Einschaltquoten im Fernsehen. Die Presse selektiert. Herr Prof. Dr. Rainer Mausfeld hierzu: „Die öffentliche Meinung ist nicht mehr ein freier Diskussionsraum, sondern ist etwas, was von einem ganzen Industriezweig geformt wird."

Die Druckerzeugnisse sind wesentlich an bestimmte Zielgruppen gerichtet. Die Themen beschränken sich darauf, was die Leser lesen wollen. Bei den Fernsehprogrammen gibt es Dokumentationen, deren Themen häufig nur negative, kritische Entwicklungen beleuchten. Es scheint so, dass positive Meldungen geringere Einschaltquoten zur Folge haben.

Die monetäre Demokratie benötigt auch den investigativen Journalismus. Die Demokratie selbst benötigt zusätzlich einen öffentlichen Debattenraum. Um einen Mentalitätswechsel herbeizuführen, wie ihn die monetäre Demokratie für bereits junge Menschen fordert, scheint ein Prozess des Umlernens der Presse notwendig zu sein. Wie dies im Konkreten gestaltet werden kann, ist eine Aufgabe, der sich in Deutschland der Öffentlich-rechtliche Rundfunk stellt. Ein Beispiel sei die Einführung von Themenwochen genannt, die unter einem Begriff (z.B. Gerechtigkeit) unterschiedliche Blickwinkel anbietet. Über die Wirksamkeit und den Erfolg dieses Formates liegen mir keine Unterlagen vor.

Im November / Dezember 2018 gab es in Frankreich Proteste mit der Bezeichnung ‚Gelbwesten'. Es war keine klassische Demonstration, die von Gewerkschaften oder anderen fest etablierten Einrichtungen organisiert wurden. Nein, die Bevölkerung nutzte die Technik, über die wir Europäer uns während des Arabischen Frühlings freuten: die sozialen Medien. Inwieweit die sozialen Netzwerke einen angemessenen Debattenraum auch mit Blick auf die monetäre Demokratie in Zukunft darstellen können, kann durch die Gestalter der Demokratie mit beeinflusst werden.

4.19 Gegen die Korruption

Rumänien wird 2019 (Stand Anfang Dezember 2018) die Europäische Ratspräsidentschaft übernehmen. Im Vorfeld gab es Vorwürfe über eine mangelnde Bekämpfung der dort herrschenden Korruption und der Einschränkung der Unabhängigkeit der Judikative. Die Beitrittsstaaten auf dem Balkan, wie Albanien, Serbien, Montenegro leiden ebenfalls unter der Korruption. Dies ist ein wesentliches Hindernis für die Aufnahme dieser Länder in die EU.

Die bisherigen Anstrengungen der EU, die Beitrittskandidaten an die Regeln und Anforderungen der EU heranzuführen, scheinen gescheitert zu sein[a]. Bei offenen Grenzen, so wird befürchtet, wird eine große Ausreisewilligkeit der dortigen Bevölkerung in die Tat umgesetzt. Zugespitzt wurde formuliert, dass die Balkanländer dann die bevölkerungsärmsten Länder werden.

Mit der Umstellung der Subventionspolitik der EU auf die Kriterien der monetären Demokratie wird den herrschenden Klassen kein Geld mehr zur Verfügung gestellt. Der Sumpf der Korruption von direkten Geldern der EU trocknet aus. Lokale Korruption beim Bau von Projekten kann nur eingeschränkt verringert werden. Die Bevölkerung selbst erlebt jedoch durch Eigeninitiative, dass lokale Aufgaben, die durch Projekte gelöst werden können, von der EU direkt finanziert und unterstützt werden.

4.20 Grundgesetzänderung wegen Digitalpakt

Der Föderalismus in Deutschland hat die Bildungshoheit den Ländern übertragen. Die Haushalte der Länder sind unterfinanziert, so dass auch im Bildungssektor Gelder für notwendige Investitionen im Digitalbereich fehlen. Abhilfe soll der sogenannte Digitalpakt bringen, bei dem der Bund den Ländern Geld zur Verfügung stellt. Dies geht jedoch nur mit einer Grundgesetzänderung, bei der die Mehrheit beider Parlamente zuzustimmen hat. Während der Bundestag der Vorlage des Gesetzes zustimmte, verweigerte der Bundesrat (Vertretung der Länder) einstimmig (!) den Gesetzesentwurf. Hauptkritik war die Mischfinanzierung, dass für jeden EURO vom Bund auch das Land einen EURO zuzugeben

[a] ARDα Sendung Demokratie vom 05.12.2018

hat und die Befürchtung, dass die Bundesregierung in die Länderhoheit eingreifen kann. Der Digitalpakt wird im Gesetz nicht ausdrücklich erwähnt, sondern die Grundgesetzänderung soll auch andere Infrastrukturmaßnahmen, wie den Ausbau des öffentlichen Nahverkehrs fördern. Mitte Dezember 2018 wurde das Gesetz dem Vermittlungsausschuss zugeführt.

An diesem Beispiel wird für mich deutlich, wie verkrustet ein System ist und beharrlich in seiner Trägheit weiterbestehen will. Die Politiker wollen entscheiden, was für die Bevölkerung sinnvoll und gut ist.

Die monetäre Demokratie geht gerade einen anderen Weg. Die Bevölkerung, die Gemeinderäte und Parlamente wissen, was für die Bevölkerung notwendig ist. Der Souverän, das Volk, entscheidet und finanziert rational die verschiedenen Vorschläge. Die Bevölkerung holt sich die Souveränität zurück.

4.21 Vergabepraxis öffentlicher Aufträge

Das Verfahren für die Vergabe von öffentlichen Aufträgen sieht eine europaweite Ausschreibung vor. Die Angebote müssen zu einem Stichtag bei der Behörde eingegangen sein, wobei das günstigste Angebot den Zuschlag erhält. Die Öffentlichkeit selbst ist nicht informiert.

In Deutschland sieht die Praxis derartig aus, dass das Billigste nicht unbedingt das Preiswerteste ist. Häufig werden bei größeren Objekten Nachträge gefordert. Bei kleineren Aufträgen spielt auch der Bekanntheitsgrad der regionalen Firma eine Rolle: man kennt sich, vertraut einander und macht es.

Bei der Elbphilharmonie und beim Berliner Flughafen Willy Brandt BER haben sich während der Bauphase größere Schwierigkeiten ergeben. Bei der Elbphilharmonie waren unterschiedliche Kompetenzen, bei dem Berliner Flughafen schwerwiegende Planungsfehler vorhanden. Der Oberbürgermeister von Hamburg, Herr Olaf Scholz, hat nach seinem Amtsantritt relativ schnell die Vergabe einem Konzern übertragen, der dann in alleiniger Verantwortung das Projekt rasch umsetzte, wobei wesentlich höhere Kosten anfielen.

Im Ausland können die deutschen Konzerne nach einer guten Feinplanung termingerecht liefern, wie ein Olympiastadium in England zeigt. In Holland werden Termine zur Fertigstellung von Autobahnen gegeben, wobei bei einer früheren Fertigstellung Boni, bei einer verspäteten Fertigstellungen Minderzahlungen die Regel sind. Bauverzögerungen gibt es in Holland daher selten.

Die Vergabepraxis öffentlicher Aufträge hat sich in Deutschland nicht bewährt. Ca. 2014 wurde ein Arbeitskreis eingerichtet, der Verbesserungsvorschläge erarbeiten soll. Ergebnisse liegen mir diesbezüglich nicht vor.

Die monetäre Demokratie sollte auf die Ergebnisse dieses Arbeitskreises zurückgreifen. Die Gepflogenheiten heutiger öffentlich-privater Partnerschaften muss jedoch aufgegeben werden: „Die Verträge sind meist geheim und der Staat wird nicht selten als Geißel der Investoren missbraucht.“[50]

4.22 China – meine geopolitische Wahrnehmung

Die Daten des folgenden Absatzes wurden 2015 veröffentlicht[51].

Die Umweltbelastung in großen Städten in China ist seit den olympischen Spielen weltweit bekannt. Seit 2007 wird dort in Vergleich zu Amerika mehr Kohlendioxyd ausgestoßen. China hatte den höchsten CO_2-Ausstoß der Welt. 77 % der in China verbrauchten Primärenergie stammten aus Kohle. Das enorme wirtschaftliche Wachstum, die Entwicklung und Energieverschwendung hatten das Ergebnis, dass in China inzwischen 50 % der weltweiten Kohleproduktion verfeuert wird. In den Städten wird Smogalarm ausgerufen, z.B. in Peking im Jahr 2013 an 60 Tagen, in Xingtai, einer Stadt mit 7 Mio. Einwohnern an 129 Tagen, also mehr als 4 Monate lang. Neben der Verbrennung von Kohle ist der rasant anwachsende PKW-Verkehr eine Ursache der Umweltbelastung.

Schätzungen sagen, dass der Autoverkehr mit 25 % am Ausstoß von Feinstaub in Peking beteiligt ist. Der Anteil am Feinstaub PM 2,5 ist in China so hoch wie nirgendwo sonst auf der Erde. Ebenfalls ist die Wasserverschmutzung durch den sauren Regen und direkter Verschmutzung offensichtlich. In China ist die Wasserverschmutzung noch vor der Luftverschmutzung der wichtigste Grund für Proteste und Demonstrationen in mehreren Großstädten des Landes. Die Bevölkerung kann durch Anzeigen bei den lokalen Umweltschutzbehörden ihren Unmut zum Ausdruck bringen. Die Zahl dieser Anzeigen stieg von 300.000 im Jahr 2000 auf über 700.000 im Jahr 2010.

Mit dem System des, wie es bei uns genannt wird, Staatskapitalismus ging die chinesische Regierung in den letzten Jahren gegen diese negative Entwicklung effektiv vor. Mit Drohnen werden Messungen bei Industrieanlagen durchgeführt. Überschreiten die Werte die vorgeschriebenen Grenzwerte, gibt es Geldstrafen, die noch vor wenigen Jahren unvorstellbar gewesen wären. In der E-Mobilität ist China weit fortgeschritten und wird auch von deutschem Wirtschaftsminister, Herr Peter Altmaier, dafür nicht nur gelobt, sondern auch als starken Wettbewerber der deutschen Automobilindustrie angesehen. China ist nach meiner Kenntnis führend in der Neuinstallation von Windparks und Solaranlagen. Nach meiner Kenntnis wird auch strikt gegen Korruption vorgegangen.

Diese Zahlen verdeutlichen, dass ein weltweiter Klimaschutz nur in Kooperation mit China möglich ist.

Anderseits ist die internationale Politik von China zu beachten. Nach dem Verkauf der KUKA-Gruppe an chinesische Investoren warnte im Februar 2018 der damalige deutsche Außenminister und Vizekanzler, Herr Sigmar Gabriel, vor dem chinesischen geopolitischen Vordringen[52]: „Die Initiative für eine neue Seidenstraße ist ja nicht das, was manche in Deutschland glauben, eine sentimentale Erinnerung an Marco Polo, sondern sie steht für den Versuch, ein umfassendes System zur Prägung der Welt im chinesischen Interesse zu etablieren. Dabei geht es längst nicht mehr um Wirtschaft. China entwickelt eine umfassende Systemalternative zur westlichen, die nicht wie unser Modell auf Freiheit, Demokratie und individuellen Menschenrechten gründet.“

Dagegen ist der europäische Zusammenhalt mit den gemeinsamen ethischen Werten nicht ausreichend gefestigt. Die Subventionen reichen nicht aus, um ärmere Länder an die Europäische Union zu binden. In Griechenland, Ungarn und Serbien hat China bereits festen Fuß gefasst und versucht, wie in Australien und in über der Hälfte der afrikanischen Staaten, innenpolitische Entscheidungen zu ihren Gunsten zu erreichen. Als Portugal in der Finanzkrise war, half ihnen chinesisches Kapital zur Überwindung der Wirtschaftskrise. Dies musste der französische Präsident Macron von dem portugiesischen sozialistischen Präsidenten anhören, als er einen Übernahmeschutz für europäische Firmen durch ausländische Investoren einführen wollte. Im Alleingang hat Deutschland im Dezember 2018 beschlossen, dass ausländische Beteiligungen an deutschen Unternehmen statt 25% nur noch 10% betragen dürfen. Der Ausverkauf wird dadurch verringert.

Die monetäre Demokratie wird auf lange Sicht gesehen die europäische Union stärken. (Strategisch wichtige) Infrastrukturen, wie z.B. der Hafen von Piräus, werden nicht mehr veräußerlich sein. Für neue Infrastrukturen wird ausreichend Kapital zur Verfügung stehen. Es wird anderen Ländern erschwert, mit Geld uns ihr Menschenbild überzustülpen.

5. Exemplarische Beispiele

5.1 Brücke wird 13 Jahre nicht gebaut

Die Brücke auf der Kreisstraße 30 zwischen Dalberg-Wendelstorf und Cramonshagen ist seit 2005 vom Kreis gesperrt worden, da schwere Schäden festgestellt wurden[53]. Der zuständige Landkreis will nur reparieren, wenn das Land die Hälfte der Kosten übernimmt. Die Fördermittel sollen 2019 / 2020 bereitgestellt werden. Bis heute liegt noch keine Antwort auf den Antrag vor.

Bei der monetären Demokratie ist folgendes Szenario wahrscheinlich:

Rechtlich akzeptieren die Kostenträger (Landkreis, Gemeinden) die Finanzierung mit der monetären Demokratie und bestimmen gemeinsam, wer der Auftraggeber sein wird. In der lokalen Presse wird über die Problematik berichtet und die Bürger werden aufgerufen, die Grundbeiträge kumuliert diesem Projekt zuzuordnen.

Nehmen wir folgendes Zahlenbeispiel: Eine Neubaubrücke kostet 1 Mio. € und 5000 Teilnehmer der monetären Demokratie ordnen ihren monatlichen Grundbeitrag des Staates von 10 € diesem Projekt zu. Damit werden 50.000 € je Monat angesammelt, so dass eine Vollfinanzierung nach 20 Monaten erreicht ist.

Haben weitere 100 Teilnehmer einen Sparplan in dem Rentenfonds, so können sie ohne auf Rendite zu achten, ihren Beitrag auch diesem Projekt zuordnen. Sei die Höhe je 50 € pro Monat, so kommen weitere 50.000 € monatlich zusammen, so dass eine Vollfinanzierung bereits nach 10 Monaten erreicht ist.

Wird die Zuordnung von den Teilnehmern verpflichtend (siehe Kapitel 2.6) bis zur Vollfinanzierung diesem Projekt zugeordnet, so kann der Baubeginn bei einer geplanten Bauzeit von ¼ Jahr bereits nach 9 Monaten oder früher beginnen, entsprechend der Planung von Abschlagszahlungen. Diese Zeit ist ausreichend für die Vorbereitungen, die die ausführenden Unternehmen machen müssen.

In diesem konkreten Fall entfallen bei der monetären Demokratie Kompetenzschwierigkeiten bei den zuständigen Trägern, eine Antragsverwaltung für Fördermittel und, wie man am Zahlenbeispiel sieht, eine rasche Reparatur einer notwendigen Infrastruktur.

5.2 Stadtentwicklung

Die Bundesrepublik Deutschland hat mit dem Programm ISEK[a] ein sehr erfolgreiches Programm den Kommunen unter dem Bundesministerium des Innern für Bau und Heimat bereitgestellt[b]. Viele Gemeinden nutzen die Fördermittel von Bund und Ländern und haben eigenständige Planungen aufgestellt.

Richard Sennett setzt sich seit vielen Jahren für eine Stadtentwicklung ein, die rein investmentgeleiteten Interessen entgegen tritt. Er will die immer stärker werdende Ghettoisierung in unseren Städten verhindern, sie offenhalten, ganz im Sinne eines lebendigen Miteinanders. Sennett sagt jedoch[54]: „Immobilien sind längst die neuen Wertpapiere, Tonnen Gold, das wusste schon Trumps Vater, vermehrt sich, indem man der Stadtplanung mit viel Geld Druck macht und sie damit beschleunigt. So haben Trumps Vater und seine Leute viele Ausnahmen erzwungen. Die Stadtregierung wurde zu ihrem Diener, weil sie Angst hatte, dass New York ohne Investitionen verfallen wird. So kommt es dann zu einem Ausverkauf der Stadt."

Die Stadt Pforzheim wurde am 23.02.1945 durch einen Luftangriff zerstört. Dementsprechend sind Immobilien aus der Zeit des Wiederaufbaus. Für den Ostteil der Innenstadt hat sich ein niederländischer Investor gemeldet, der mit knapp 100 Mio. € ein Konzept vorgestellt hat, das vom Bürgermeister unterstützt wird. Nach Veröffentlichung der Projekt-

[a] Integriertes Stadtentwicklungskonzept

[b] www.staedtebaufoerderung.info

unterlagen regt sich jetzt natürlich ein starker Widerstand, der sich an unterschiedlichen Punkten, wie z.B. der Verkehrsführung, argumentativ festhält.

Pforzheim ist auch eine der Städte, die durch das Kreditgeschäft mit der Deutschen Bank, bei dem die Bank immer gewinnt, an den Rand des Ruins gebracht wurde. (Näheres kann in den Gerichtsakten der Stadt Mailand gegen die Deutsche Bank nachgelesen werden.) Für die klamme finanzielle Situation scheint ein Großinvestor ein Glücksfall zu sein.

Betrachten wir im Vergleich hierzu die Stadt Filderstadt mit einer Bürgerbeteiligung und einem fest angestellten Koordinator, die Stadt Aachen, die eine Planung über 10 Jahre erstellt und dieses Konzept umsetzt, oder die Stadt Bretten, worüber die Zeitschrift Brettener Woche vom 18.11.2015 berichtet hat, so liegt der Verdacht nahe, dass Pforzheim einem Trump – Nacheiferer unterliegt. Und dies, obwohl in 200 Meter Entfernung einer gutgehenden Einkaufsmeile (Schlösslegalerie), eine als Ruine zu bezeichnendes Gebäude, des Investors Steinhart liegt.

Pforzheim ist kein Einzelfall. In Homburg / Saarland sprang ein Investor ab. Bereits 2016 sollten die Bagger rollen, doch immer wieder kam etwas dazwischen. Jetzt eine Klage der Nachbargemeinde St. Ingbert. Es war eine Shoppingmeile mit 80 Geschäften geplant. Dass nochmals ein Investor kommt, glaubt der Rathauschef, Herr Rüdiger Schneidewind (SPD) nicht[55]: „Ich persönlich glaube, dass es jetzt vom Zeitpunkt her zu spät ist. Vor ein paar Jahren hätten wir sicherlich die Chance gehabt, aber wir lesen alle Fachzeitschriften, lesen die normalen Medien, der Onlinehandel hat Zuwachs bekommen. Es wird insgesamt schwerer, die Geschäfte zu vermieten.“

Herr Schneidewind spricht die Problematik direkt an. Es findet ein Strukturwandel im Handel statt. Damit verbunden ist die Aufgabe der Gemeinden und Städte, ein Konzept für eine lebendige, lebenswerte Stadt zu finden. Dazu benötigt man Ideen, das Engagement der Bürger – und Geld.

Mit der monetären Demokratie könnte ein Szenario wie folgt aussehen: Bürgerinnen und Bürger, z.B. über eine Bürgerbeteiligung, und die Stadträte definieren das Gebiet, der neu gestaltet werden kann. Zur Erstellung schreiben sie einen Architektenwettbewerb aus, der als Grobplanung ein Projekt der monetären Demokratie ist und dementsprechend finanziert wird. Aus mehreren Möglichkeiten kann jetzt der Stadtrat auch in einer städtischen ‚Volksabstimmung' entscheiden, welche der Möglichkeiten umgesetzt werden soll. Als neues Projekt für die monetäre Demokratie folgt die Feinplanung, die ebenfalls über den Rentenfonds finanziert wird. Das Ergebnis der Feinplanung kann jetzt in Chargen, d.h. in Zeitabschnitte aufgeteilt und als einzelne Projekte oder als Gesamtprojekt, zur Abstimmung gestellt werden.

Mit der monetären Demokratie wird es auch finanziell gebeutelten Städten möglich sein, eine sinnvolle und qualitativ gute Stadtentwicklung gemeinsam mit den Bürgern zu realisieren.

5.3 Windkraftanlagen

Windkraftanlagen werden von Großkonzernen wie EnBW, Innogy (Tochter von RWE) und genossenschaftlich organisierte Gesellschaften erstellt und betrieben.

In Norddeutschland entstanden in den letzten Jahrzehnten riesige Windparks. Damit haben ortsansässige Grundstücksbesitzer teilweise gutes Geld verdient. Solche Anlagen sind in die Rubrik ‚Gelddruckmaschinen' zu zählen. Da der Wartungsaufwand gering ist und der Wind nichts kostet, ist die Umwandlung in die qualitativ hochwertige elektrische Energie zu jedem Preis kostendeckend – wenn man die Verzinsung des eingesetzten Kapitals weglässt.

Ein neuer Windpark hat ein Investitionsvolumen von knapp 100 Mio. €[56]. Mit der monetären Demokratie entfallen gerade die Kosten der Verzinsung mit einem hohen Zinssatz. Auch wenn der Preis des elektrischen Stromes reduziert wird oder die EEG-Zuschüsse ganz entfallen würden, wäre eine Windkraftanlage immer noch gewinnbringend zu betreiben. Genau dies verdeutlicht den Ansatz der monetären Demokratie.

Bei Wegfall der EEG-Umlage kann mit Hilfe der monetären Demokratie Kapital gesammelt werden, um solche nicht hochrentablen, aber umweltschonenden Anlagen zu installieren. Die Grundstückseigentümer und Betreiberfirmen beantragen nur das Kapital aus dem Rentenfond, das als Kredit noch zusätzlich zum Eigenkapital notwendig ist. Damit werden die wirtschaftlichen Interessen der Grundstücksbesitzer und Betreiberfirmen weiterhin gewahrt. Es entfällt jedoch das Risiko, die Zinslasten nicht mehr zurückzahlen zu können, wenn die EEG entfällt bzw. die Festzinszeiten auslaufen und ein Folgekredit abgeschlossen werden muss. Bei der Investition aus dem Rentenfonds wird nur eine Transparenz gefordert, die auch jeder Investitionsbank vorgelegt werden muss.

5.4 Schnelles Internet und Funklöcher in Deutschland

Schnelles Internet und eine optimale Abdeckung für Datenübertragung im 5G-Standard ist heutzutage eine lebensnotwendige Infrastruktur wie Wasser, Strom und Straßen. Es betrifft nicht nur die private Versorgung, sondern insbesondere kleine und mittelständische Unternehmen, die ohne schnellen Internetzugriff ihre Wettbewerbsfähigkeit verlieren können.

Am 25./26.11.2018 wurde bekannt[a], wie die 5G-Einführung durchgeführt werden soll. Die Vergabevorschriften für die Versteigerungen der notwendigen Frequenzen im Frühjahr 2019 sehen vor, dass die Erwerber Funkmasten in Städten bei Autobahnen und Zugstrecken bis hin zu Landstraßen erstellen sollen. Ein nationales Roaming wird von den großen Mobilfunkanbietern Vodafone, Telekom und o2 mit den Worten abgelehnt, dass es einer Enteignung gleich käme. Das nationale Roaming sähe so aus, dass in einem Gebiet, in dem 3 Funkmasten für eine flächendeckende Versorgung notwendig sind, jeder der Anbieter einen baut und Zugang den anderen ermöglicht. Auch Bitkom sprach sich ge-

[a] Nachrichten ARD/ZDF

gen eine nationale Roaming-Einführung aus, da erwartet bzw. befürchtet wird, dass dann niemand einen Mast baut.

Neben den Kosten und dem Service, den ein Mobilfunkanbieter seinen Kunden verspricht, ist die größtmögliche flächenmäßige Verfügbarkeit ein Wettbewerbskriterium. Nach dem heutigen Stand sieht es so aus, dass in Städten, Zugtrassen, Autobahnen und Bundesstraßen von allen drei Anbietern jeweils Funkmasten gebaut werden. Also eine 3-fach zu hohe Hardwareausstattung. Die Leidtragenden sind die Kunden, die diese Investitionen zu finanzieren haben.

Ebenfalls werden die Versteigerungseinnahmen für den Bund geringer ausfallen. Jeder der Anbieter muss in seinem Angebot mitkalkulieren, wie viele Investitionen für die verlangte Abdeckung mit 5G-Standard notwendig werden.

Durch das Dogma, dass der freie Markt alles regelt, ist eine abstruse Situation geschaffen worden. Die Politik handelt nicht nach den Vorgaben des Grundgesetztes, dass eine Gleichstellung aller Regionen verlangt, sondern unterliegt den dogmatisch klingenden Sätzen wie ‚Enteignung' oder ‚dass es keine Marktwirtschaft' sei. Diese Dogmen sind ein Teil des politischen Denkens geworden. Daher müssen die Endbenutzer mit die höchsten Handytarife in Europa bezahlen.

Mit Hilfe der monetären Demokratie könnte das Szenario vollständig anders gestaltet werden. Die Mobilfunkanbieter bestimmen selbst, bei welchen Städten und Gegenden sie eine vollständige Funkabdeckung garantieren. Für die übrigen Gegenden wird eine öffentliche Gesellschaft gegründet, die den Bau der notwendigen Funkmasten sowie die Wartungsverträge mit qualifizierten Firmen aushandelt und überwacht. Die Finanzierung kann über den Rentenfonds stetig erfolgen, auch durch Zuweisung staatlicher Investitionen. In den Verträgen mit den Mobilfunkanbietern muss dann vereinbart werden, dass diese Funkmasten mitbenutzt werden müssen. Die erhöhten Entgelte, die die Mobilanbieter hierfür zu verlangen haben, sind dem Staat zurückzuführen. Bei einer angemessenen Kostenfestsetzung durch den Staat, z.B. 1 € monatlich, ist eine ‚Gelddruckmaschine' für die monetäre Demokratie geschaffen worden.

Bei dieser Lösung werden die Mobilfunkanbieter höher bei der Versteigerung bieten können. Dieser Betrag könnte direkt für den Bau der flächendeckenden Funkmasten dienen.

Auch wenn dieses Szenario utopisch angesehen wird, so wird jedoch deutlich, dass mit Einführung der monetären Demokratie für Politiker mehr Wahlmöglichkeiten entstehen. Sie haben mehr Verhandlungsspielraum gegen mächtige Konzerne und können damit das Primat des Grundgesetzes erfüllen und letztendlich das Allgemeinwohl beachten.

5.5 Autobahnen

Ein wesentlicher Aspekt der Aufgabe des Staates ist es, der Bevölkerung ein Umfeld zu gewährleisten, das ein wirtschaftliches und privates Handeln ermöglicht. Die Finanzierung in Deutschland über die Treibstoffsteuer hat nicht ausgereicht, um Neubauten vernünftig zu planen und zu realisieren, geschweige denn die Instandhaltung. Auch die Einbindung der Maut für LKW hat Schwierigkeiten mit den Betreiberfirmen gegeben. Der deutsche Verkehrsminister, Herr Scheuer, verkündete einen außergerichtlichen Vergleich. Toll Collect habe noch 3 Mrd. EUR zu entrichten. Dies ist jedoch nur ca. die Hälfte dessen, was der Staat zu fordern hatte. Gleichzeitig gibt es ein neues Ausschreibungsverfahren, dass ab März 2019 der Betrieb wieder privatisiert werden soll. Selbstverständlich haben sich die alten Betreiber wieder beworben.

Die Parlamente beschlossen einfach eine Verfassungsänderung des Artikels 90, wonach Öffentliche Private Partnerschaften erwünscht sind (siehe Kapitel 6.3).

Es ist nicht nachzuvollziehen, warum in Deutschland das österreichische Modell nicht eingeführt werden kann. Die monetäre Demokratie kommt dann zum Tragen, wenn Investitionen notwendig sind, sei es von Neubau oder Wartung von Brücken.

5.6 Energetische Sanierung von Häusern

Für die energetische Sanierung von Häusern, d.h. Wärmedämmung und Einbau einer effizienteren Heizung, gibt es Subventionsprogramme, die hauptsächlich auf zinsgünstige Darlehen beruhen.

Das Risiko bleibt bei dem jeweiligen Hausbesitzer. Es gibt z.B. Wärmepumpenanlagen, die nach einem Jahr wieder ausgebaut bzw. stillgelegt wurden, da der Strombedarf so hoch war, dass eine konventionelle Heizung wesentlich kostengünstiger funktionierte. Die Investitionen werden so in den Sand gesetzt. Das Risiko bleibt beim Hauseigentümer.

Bei der monetären Demokratie ist die Transparenz der technischen Informationen Bedingung. Auch die Rückzahlung der Kosten der Maßnahme erfolgt über eine standardisierte Berechnung der Energieeinsparung. Mit diesem Prinzip werden die ‚schwarzen Schafe' auf dem Energiemarkt ausgesondert. Als Initiator einer konkreten energetischen Maßnahme kann bei der monetären Demokratie ein Zusammenschluss kleinerer Handwerksbetriebe aus den Bereichen Dämmung, Heizung und Installation sowie Solartechnik auf Hauseigentümer zugehen. Diese übernehmen alle Anträge und geben im Projektantrag die zu erwartenden Energieeinsparungen an. Die künftigen Kosteneinsparungen dienen zur verzinsten Rückzahlung des ausgegebenen Kapitals. Die Hauseigentümer, häufig auch Rentner, haben nur die ‚Belästigung bei Baumaßnahmen' zu ertragen. Ihre Kosten bleiben konstant und folgen nur einer allgemeinen Preisentwicklung. Für dieses Programm ist eine zentrale Stelle notwendig, die die entsprechenden Daten aufnimmt und den jährlich zu zahlenden Differenzbetrag zwischen tatsächlichen Kosten des Energieeinsatzes zu den kalkulierten Kosten ohne energetische Maßnahmen in Rechnung stellt. Dieses Prinzip einer Rückzahlung ist bei der Plattform www.bettervest.com üblich.

Bei der im Dezember 2018 in Katowice stattgefundenen Weltklimakonferenz wurde darauf hingewiesen, dass von 50 der am meist belastenden Städte weltweit ca. 30 in Polen liegen. Ein großer Anteil kommt aus den alten Heizungen, die mit Kohle und Holz befeuert werden. Durch die Internationalisierung der monetären Klimapolitik und einem Klimaschutzabkommen auf Basis der monetären Klimapolitik unter Berücksichtigung der Effizienz, könnten wettbewerbsfähige Heizungen etc. weltweit effektiv vertrieben werden. Dies scheint mir effektiver, als Gelder in UN-Programme für Schwellenländer zu erhöhen.

5.7 Einbindung von NGOs

NGOs (Non Government Organization) sind weltweit verbunden und engagiert. Neben der Organisation von Protesten gegen die aktuelle politische Lage unterstützen sie auch Projekte in unterschiedlichsten Ländern. Ebenfalls gibt es Unterorganisationen der UNO, die konkrete Projekte ethischer / moralischer Art betreiben.

Nicht-Regierungsorganisationen sind international verknüpft. Sie haben direkten Kontakt zu den lokalen Problemen und Aufgaben. Bereits heute unterstützen sie Projekte wie den Erhalt des Urwaldes als CO_2-Senke. Die Initiatoren sind neben den NGOs auch lokale Aktivisten und Vertreter von Gemeinden und Städten.

Über diese Informationsquellen können Projekte für Umwelt- und Klimaschutz oder Infrastrukturmaßnahmen bei der Behörde für die Verwaltung von Projekten eingereicht werden.

Die Projekte müssen selbstverständlich rechtlich gesichert abgewickelt werden können. Dabei könnte auch ein Blick auf die NGOs selbst von Bedeutung sein, in wieweit die versprochenen Ziele auch tatsächlich eingehalten werden. Ich erinnere an die Dokumentation ‚Der Pakt mit dem Panda‘ aus dem Jahr 2011[57].

5.8 Kläranlage in Indien

Der Einsturz der mehrstöckigen Fabrik in Bangladesch, in der der Kleidungsdiscounter KiK nähen ließ, hat in Deutschland eine gerichtliche Fortsetzung bekommen. Erstmalig wird ein Konzern in Deutschland nach dem Recht in Bangladesch auf Schadenersatz verklagt.

Weniger bekannt sind die Folgen der Lederproduktion in Indien. Uns ist es wichtig, schöne Schuhe, stabile Taschen und weiche Geldbörsen aus robustem Ledermaterial zu besitzen. Bei der Gerberei des Rohleders werden giftige Stoffe verwendet, die z.B. in Indien ungeklärt in die Abwässer geleitet werden[58]. Der nahegelegene Fluss ist eine Kloake und langfristig werden die Gifte in das Meer abgeleitet. Somit werden auch wir betroffen sein, wie das Beispiel des Mikroplastiks oder die Fukushima-Katastrophe zeigt. Damals wurde radioaktives Material über den Pazifik bis nach Nordamerika getragen.

Mit Hilfe der monetären Demokratie ist folgende Entwicklung möglich: Eine Gruppe von Umweltaktivisten, der Gemeinderat oder ein Parlament der Region stellen einen Antrag an die Behörde für Projekte in Europa. Neben den bisherig genannten Kriterien muss natürlich auch der Unterhalt und die Wartung nach Fertigstellung des Projektes geklärt sind. Die europäischen Völker, d.h. der einzelne Mensch, kann jetzt entscheiden, ob ihm ein Windpark in der Ostsee wichtiger ist als eine Kläranlage in Indien. Wird die Finanzierung als ‚Projektunterstützung' geführt oder im Rahmen der Entwicklungshilfe, gilt es als ‚Geschenk'. Es besteht trotzdem eine Win-win-Situation: Die Technik kann aus den Industrieländern exportiert werden, in kürzester Zeit kann das lokale Wasser gereinigt werden und langfristig ist eine der vielen Abwässer von giftigen Stoffen gereinigt. Es ist nur ein kleiner Teil, der nicht in die Nahrungskette kommt, doch dies ist genau ein Ziel der monetären Demokratie. Viele kleine Verbesserungen sorgen für eine saubere Umwelt.

5.9 Solaranlagen als Entwicklungshilfe und Außenpolitik

Wie in Kapitel 4.13 ‚Außen- und Entwicklungshilfepolitik' kurz angerissen wurde, ist der Nahe Osten instabil und hat Vertrauen in die westliche Außenpolitik verloren. Stabile Staaten sehe ich zurzeit nur in Jordanien, ein Land, in dem die deutsche Luftwaffe stationiert ist, und ein Land, das hunderttausende von Flüchtlingen aus dem Syrienkrieg aufgenommen hat. Um innere Stabilität ringt zurzeit auch Tunesien, ein Land, in dem nach dem Arabischen Frühling die Wirtschaft gelitten hat und eine hohe Arbeitslosigkeit herrscht.

Zur Stabilisierung der Staaten können mit Hilfe der monetären Demokratie Solarkraftanlagen auf Projektart mit regelmäßigem Rückfluss oder mit verzinsten Rückzahlungen angeboten werden. Dies kann von einer europäischen Außenpolitik oder direkt von Firmen initiiert werden. In einem solchen Fall fließt Geld zurück in den Rentenfonds. Entgegen normalen Kreditvergaben ist die Rückzahlung gekoppelt an den tatsächlichen Ertrag. Man kann z.B. vereinbaren, dass die Hälfte des lokalen Strompreises als Rückzahlungshöhe festgelegt wird. Erreichen nun die Anlagen nicht die prognostizierten Energiemengen, so ist, im Gegensatz zu normalen Krediten, die Rückzahlungsquote anzupassen. Der Betreiber und Eigentümer des Solarkraftwerkes wird also nicht durch eine Rückforderung des Kredites in seiner Existenz gefährdet. Für den Rentenfonds bedeutet dies nur eine längere Rückzahlungsdauer. Die Folge ist nur, dass das freie Kapital zur Abstimmung geringer ist (siehe Kapitel 3.10).

Es entsteht wiederum eine Win-win-Situation. Es gibt unterschiedlichste Techniken von Solarkraftwerken: Spiegel konzentrieren das Licht auf einen Verdampfer, auf Röhren mit einer Salzflüssigkeit oder direkte Solarpaneele. Für die Speicherung der elektrischen Energie, die tagsüber nicht genutzt wird, gibt es ebenfalls unterschiedlichste Techniken: Elektrolyse mit der Erzeugung von Wasserstoff, Schmelzwärme des Salzes, Wärmespeicherung in Spezialbeton usw. All diese Lösungen stehen im Wettbewerb und können durch große Anlagen der hier angedachten Art weiterentwickelt und verifiziert werden. Für das Land selbst gibt es umweltfreundlichsten Strom und dauerhafte Arbeitsplätze. Damit erfolgt automatisch eine soziale Stabilisierung und durch die Elektrizitätswerke eine Infrastruktur für die lokale Wirtschaft.

Die Außenpolitik erhält völlig neue Herangehensweisen in die Hand. Will sie die Regierungen aktiv in einem Land unterstützen, so muss Werbung für die entsprechenden Projekte gemacht werden. Andererseits, wenn ein Staat nicht die Menschenrechte in der von unserer Bevölkerung empfundenen Art respektiert, werden auch die Zuwendungen für ein derartiges Projekt nicht gegeben. Ein wesentlicher ‚Hebel‘ der internationalen Politik wird dem Volk übertragen, wobei diese Vorgehensweise von der Industrie und der Politik für ihre Ziele mit benutzt werden kann.

5.10 Sonnenöfen

Sonnenöfen sind Parabolspiegel, in deren Brennpunkt variabel ein Kochtopf befestigt werden kann und durch die Sonneneinstrahlung erhitzt wird. Solche Öfen können die Holzfeuerung ersetzen. Im Rift Valley in Kenia bei den Samburu[59] wird durch das Verbrennen an Feuerstellen nicht nur die Umwelt belastet, sondern es erfolgt eine Bodenerosion mangels Nachwuchs des Waldes und der Büsche.

Auch wenn wir wissen, dass 50 % des CO_2-Ausstoßes in die Atmosphäre von den Industrieländern verursacht wird, kann ein Programm für Sonnenöfen eine Win-win-Situation darstellen. Es schafft Arbeitsplätze in den Industrienationen bei der Herstellung der Sonnenöfen (mit Solarkraftwerken auch klimaneutral) und reduziert die Erosion lokal, bewahrt also CO_2-Senken.

5.11 Synthetischer Treibstoff

Öl, Kohle und Gase haben sich in der Erdgeschichte über Millionen von Jahren aus Pflanzen gebildet. Diese nehmen Kohlendioxid auf und bilden mit Wasser und Sonnenenergie (Photosynthese) ihre Feststoffe wie Holz, Blätter, Gras. Die daraus entstandenen fossilen Brennstoffe sind mit verschmutztem Material versehen, die beim Verbrennungsvorgang mit freigesetzt werden und die Umwelt belasten.

Die heutige Chemie ist so weit, dass sie Kohlendioxid, Wasser und Energie derartig zusammensetzen können, dass Moleküle entstehen, die beim Verbrennungsvorgang geringste Umweltschäden mit sich bringen. Die Photosynthese wird künstlich hergestellt. Dieser synthetische Kraftstoff ist in wenigen Tankstellen bereits im Verkauf. Die Firma Sunfire hat in Deutschland bereits ein Pilotprojekt erfolgreich gestartet und investiert in eine Fabrik in Norwegen, um für die Herstellung des synthetischen Kraftstoffes regenerative Energie aus Wasserkraftwerken zu nutzen[60].

Der nächste Entwicklungsschritt besteht darin, das Kohlendioxid direkt aus der Luft zu entnehmen. Damit wäre ein natürlicher Kreislauf geschaffen: CO_2 wird mit Sonnenenergie / regenerativer Energie in sauberen Brennstoff umgewandelt.

Ein anderes zukunftsträchtiges Projekt[61] beschäftigte sich mit der Speicherung von elektrischer Energie, die im Überfluss im Norden Deutschlands durch Windparks erzeugt wird und nicht nach Süden transportiert werden kann. Hierbei handelt es sich um eine Apparatur, bei der Luft als Druckluft gespeichert wird. Diese treibt dann bei Bedarf einen Generator an. Die Fa. Salzgitter hat eine Beteiligung am Großpilotprojekt abgesagt, da sie nach geltenden gesetzlichen Vorschriften auch für gespeicherte Energie die EEG-Umlage zu bezahlen hat. Damit rechnet sich die Investition nicht mehr.

Mit der monetären Demokratie wären Finanzmittel vorhanden, um ein großes Pilotprojekt zu realisieren und der Politik Zeit zu geben, die Gesetze anzupassen. Auch wenn eine derartige Idee keinen Erfolg gehabt hätte, so wären die Gelder nicht verschleudert worden. Wir benötigen in der heutigen Situation Ideen, denen ohne finanzielle Unterstützung von Konzernen oder staatliche Fördermittel nachgegangen und ausprobiert werden sollten. Das oben genannte Projekt mit der Druckluft erhielt bereits nach Prüfung die Zusage von staatlichen Fördergeldern. Es ist ein Beispiel, warum im Modell der monetären Demokratie eine vollständige Finanzierung der Projekte gefordert wird.

5.12 Schutzmaßnahmen für den Klimawandel

Eine Folge des Klimawandels in Europa sind lokale Starkregen, die zu Überschwemmungen und großen Zerstörungen bei Gemeinden führen. Um die Folgen abzuschwächen, werden staatlicherseits Überschwemmungspolder gebaut. Die Fördermittel werden aus Land- oder Bundeshaushalte vergeben. Hierfür sind verschiedene Kriterien zu beachten, wie z.B. die Höhe der Investitionen. Eine betroffene Gemeinde im Harz hat die Problematik, dass mit der Förderung durch das Land eine ausreichende Schutzmaßnahme nicht realisiert werden kann. Die ausreichende Schutzmaßnahme kann wegen den Kriterien vom Bund nicht genehmigt werden. Diese unterschiedlichen Zuständigkeitsbereiche überwindet die monetäre Demokratie. Ein Projekt soll optimal für die Bevölkerung realisiert werden, nicht übertrieben, aber effektiv. Hierfür dient die Transparenz. Bei der Finanzierung einer Grob- bzw. Feinplanung wird das Thema öffentlich verbreitet. Damit ist es Fachleuten aus unterschiedlichsten Ländern bekannt, die Gegenvorschläge oder Ergänzungen einbringen können, um eine bessere Realisierung zu ermöglichen.

Schutzmaßnahmen gegen den Klimawandel wird es weltweit geben. Mit dem Anstieg des Meeresspiegels sind alle Küstenregionen betroffen. Hier einen Wissensaustausch aufzubauen und zusätzlich für die Finanzierung zu sorgen, sind zwei wesentliche Vorteile, die heute in der Form nicht vorhanden sind.

5.13 Öffentlicher Nahverkehr

Nicht erst seit dem Dieselskandal und des drohenden Fahrverbots für ältere Diesel ist der Innenstadtverkehr für PKW nicht mehr zeitgemäß. Abgase, Feinstaub und die Geräuschentwicklung sind gesundheitsschädliche Faktoren. Mit der monetären Demokratie sind beispielhaft folgende Projekte bürgernah realisierbar, ohne die öffentlichen Finanzen zu belasten:

- Stuttgart will eine Ergänzung des öffentlichen Nahverkehrs durch 3 Seilbahnen realisieren.
- Die Bedeutung von der Nutzung von Fahrrad und E-Bike hat zugenommen. Neue Verkehrswege, die man auch Fahrradautobahnen nennt, wirken entlastend auf den PKW-Verkehr
- In den 50er Jahren wurde in den Städten des Ruhrgebiets Straßenbahnen gebaut, deren Spurweite sogar von Stadt zu Stadt

unterschiedlich ist. Durch die Mischfinanzierung von Bund, Land und Stadt, wobei die Stadt für den Betrieb der Straßenbahn finanziell zuständig ist, gab es keine neueren Steuerungseinheiten in Köln. Hier könnten sich die Städte zusammentun und eine Gesamtplanung durchführen, deren Realisierung mehrere Jahre dauert. Einzelne Abschnitte könnten als Projekt der Bevölkerung zur Abstimmung und Finanzierung gegeben werden. Vor einer Privatisierung sollten sich die Verantwortlichen die U-Bahn in London anschauen, mit der der Betreiber Metronet 2007 Konkurs anmelden musste, und heute die teuersten Fahrpreise auf der Welt hat[62].

- Bei ländlichen Gemeinden, die keinen oder wenigen Busverkehr zur Großstadt haben, und die Bevölkerung auch mit Ärzten unterversorgt ist, könnten unterschiedlichste Projekte testweise finanziert werden. Hierzu gehören die Anschaffung kleiner Busse, eine intelligente Technik zum Bedarfsverkehr usw.

- Ein großes Ziel ist zurzeit die E-Mobilität. Der Aufbau von Ladestationen in Wohngebieten könnte dies beschleunigen. Es gibt Patente, die den elektrischen Strom von den Straßenbeleuchtungen nutzen können. Oder man entnimmt die elektrische Energie von verlegten Erdleitungen.

- Heute als utopisch bewertetes Projekt wäre, den Nahverkehr einer Kleingemeinde für Kurgäste mit autonomen Fahrzeugen zu installieren. Dies ist wohl so utopisch wie ein Tablet, das man zusammenfalten kann und zum Handy wird – jetzt realisiert in China.

Die Erfahrungen haben gelehrt, dass die Betriebe des öffentlichen Nahverkehrs größtenteils defizitär wirtschaften. Vor einer Privatisierung mit geheimen Verträgen kann nur abgeraten werden. Zur Infrastruktur des Gesamtverkehrs in Städten zählt jedoch nicht nur der Teil des öffentlichen Nahverkehrs, sondern auch der Teil, den die Stadt für Straßen und deren Unterhaltung (Schlaglöcher) aufzubringen hat. Ich befürworte eine Untersuchung in verschiedenen Städten, wie hoch die Belastung im

Straßenbereich und im öffentlichen Nahverkehr je Personenkilometer ist. Mit Hilfe der monetären Demokratie kann die Errichtung der generationenübergreifenden Infrastruktur kostengünstig angegangen werden.

5.14 Prekäre Finanzen bei Kommunen

Als Beispiel nehmen wird das Saarland. Dort betragen die kommunalen Kassenkredite 2,1 Mrd. €, Stand Ende 2018[63]. Im Saarlandpakt vom Dezember 2018 verpflichtete sich die Landesregierung, hiervon 1 Mrd. € zu übernehmen und jährlich 30 Mio. € an Schulden und Zinsen hierfür zu leisten. Diese Schulden wären danach 2065 abbezahlt, also in ca. 45 Jahren. Die Kommunen sollten die restlichen 1,1 Mrd. € ebenfalls in 45 Jahren tilgen. Vom Land erhalten sie 20 Mio. € im Jahr für Investitionen. Bei knapp über 50 Gemeinden[a] kommt auf jede Gemeinde eine Investitionssumme von durchschnittlich 400.000 € im Jahr.

Der Saarlandpakt wurde u.a. deshalb gelobt, da die Gemeinden, Kreise und das Land am zu verteilenden Geld nicht mehr in verschiedene Richtungen ziehen. Man nennt dies einen Paradigmenwechsel. Anderseits erhofft man sich zusätzliche Mittel vom Bund und erwartet eine auf Dauer gut gehende Wirtschaftslage und ein niedriges Zinsniveau.

Ergänzt wird die Finanzknappheit durch Folgen des Klimawandels. Starkregen haben im Jahr 2018 z.B. in Kleinbittersdorf einen Schaden von 2,8 Mio. € verursacht. Zwar erhält die Gemeinde im Rahmen der Bedarfszuweisung vom Land 0,58 Mio. €, muss die restlichen jedoch selbst stemmen[64].

Der Planungshorizont beläuft sich mit 45 Jahren über die nächste Generation hinweg. Betrachtet man, dass sich das Saarland 1957 zur Bundesrepublik anschloss, so beläuft sich die Zeit des Schuldenabbaus fast in der gleichen Größenordnung, wie der Schuldenberg aufgebaut wurde.

[a] Quelle Wikipedia

Ich stelle mir die Frage, ob mit dem bestehenden Finanzierungssystem ein Schuldenabbau überhaupt möglich sein wird. Die monetäre Demokratie ist eine neue Art der Finanzierung öffentlicher Investitionen. Bei Gemeinden mit 5.000 ‚Wahlberechtigten' betragen die Zuwendungen mit den angenommenen 10 € über 600.000 €, also mehr als in Saarland die Gemeinden in den kommenden 45 Jahren erwarten können.

5.15 Planung einer Umgehungsstraße

Bei der Planung von Ortsumgehungsstraßen ist in Deutschland die Bevölkerung aktiv beteiligt, siehe z.B. den Film unter: https://rp.baden-wuerttemberg.de/rpk/Dialog/Seiten/default.aspx

Im Jahr 2010 zählte man bei der Ortsdurchfahrt Jöhlingen / Baden-Württemberg über 10.000 Fahrzeuge pro Tag mit einer Prognose für das Jahr 2025 von 21.000 Fahrzeugen. Ausführlicher in der angegebenen Quelle[65]. Nach einer längeren Vorplanung stimmte der Gemeinderat am 16.04.2012 der ‚Variante 6' der Verlegung der Bundesstraße B293 zu. Die Kosten werden auf 28,5 Mio. € angegeben, die vom Bund zu tragen sind. In der Bedarfsplanung des Bundes wurde der Neubau als vordringlicher Bedarf für das Jahr 2030 eingestuft.

Mit Hilfe der monetären Demokratie könnte dieses Projekt kostengünstiger für den Bund und damit früher realisiert werden. Falls die Finanzierung ausschließlich über die monetäre Demokratie erfolgt, sieht eine mögliche Beispielrechnung wie folgt aus:

Nehmen wir an, den knapp 10.000 Einwohnern von Jöhlingen gelingt es in den Nachbargemeinden über Veröffentlichungen und den sozialen Medien durchschnittlich 20.000 Menschen für die Umgehungsstraße zu gewinnen. Damit wären, bei den angenommenen 10 € monatlichen Beiträgen des Bundes, der Finanzierungszeitraum weniger als 12 Jahre. Nach der ersten Verkehrszählung im Jahr 2010 also 8 Jahre früher als die jetzige Planung durch den Bund.

6. Einführung der monetären Demokratie

Die monetäre Demokratie besteht aus unterschiedlichen Teilen, die bei einer Einführung getrennt zu bewerten sind. Bei der finanziellen Betrachtung unterscheide ich zwischen der Teilhabe der Bevölkerung am Staatshaushalt und den zusätzlichen Leistungen der Teilnehmerinnen und Teilnehmer. Der erste Teil kann sinnvoll nur von Staaten oder einer Union von Staaten erfolgen, die neben den Steuereinnahmen auch die Rentenzahlungen garantieren können.

Die Generierung zusätzlicher Leistungen steht im Wettbewerb zu klassischen Kapitalanlagen. Hier ist die Grundphilosophie der monetären Demokratie der wesentliche Teil: statt hoher Rendite eine Rentenkapitalanlage und eine konkrete Auswahl nachhaltiger, generationsübergreifender Projekte. Notwendig hierfür sind Initiativen von NGOs, Bürgerbeteiligungen, Länderparlamente und Stadträten. Um dies wirkungsvoll erreichen zu können, sind Werbemaßnahmen erforderlich, die die weiteren Vorteile der monetären Demokratie und der monetären Klimapolitik hervorheben.

6.1 Einführung bei Gemeinden und Städten

In vielen Gemeinden, Städten oder Landkreisen in Deutschland gibt es Nachholbedarf bei Restaurierung und Sanierung von Schulen, Straßen usw. Diese können mangels finanzieller Mittel und/oder aufgrund von Mischfinanzierungen und Konflikten der Zuständigkeit zwischen Gemeinde und Kreis nicht durchgeführt werden. Einige Gemeinden nutzen die Finanzierung über öffentlich-private Partnerschaften (ÖPP), einer Finanzierungsart, die höhere Kosten als notwendig mit sich bringen.

Unter der Koordination des Deutschen Städtetages könnten bestehende Strukturen durch Anpassungen schnell Finanzierungsquellen eröffnen, wie sie der monetären Demokratie entsprechen.

Das Portal Bettervest.com[a] ist eine Internetplattform für Crowdfunding bzw. Crowdlending. Im Gegensatz zur monetären Demokratie werden für jegliche Investitionen keinerlei Garantien abgegeben. Die einzelnen dort aufgeführten Projekte sind weltweit ausgeschrieben.

Die Plattform ‚LeihDeinerStadtGeld'[b] ist eine weitere Plattform, um Projekte zu realisieren. Der Vorsitzende des Beirats der Gesellschaft, der ehemalige Finanzminister Hans Eichel, meint dazu auf der dortigen Webseite: „Das Angebot von LeihDeinerStadtGeld ist einmalig und wird die Kommunalfinanzierung erheblich verändern. Dabei fördert es gleichzeitig das gesellschaftliche Miteinander!"

Hinter diesem Portal stehen auch Banken, die die entsprechenden Kapitalflüsse begleitet. Diese wären miteinzubinden, wobei folgende Anpassungen notwendig sind:

- Es gibt eine Garantie für die Rückzahlung durch die Gemeinden als Rentenzahlungen statt hoher Zinsen.
- Die gegebenen Gelder werden erst zu Rentenbeginn als Renten ausbezahlt
- Die Projekte müssen transparent abgewickelt werden
- Die personenbezogenen Daten sowie die Kapitalien mit der Inflationsabsicherung und Verzinsung sind den Teilnehmerinnen und Teilnehmern zur Verfügung zu stellen. Dies könnten eingebundene Lebensversicherer übernehmen.
- Ein Wettbewerb zwischen den Gemeinden und Städten mit unterschiedlichen Zinsversprechungen darf nicht stattfinden.

Zur Absicherung der Rentenzahlungen kann die entsprechende Gemeinde bzw. der Gemeindezusammenschluss diese bei einer Versicherungsgesellschaft vorsorglich versichern lassen.

---

[a] https://www.bettervest.com/de/?r=5a2b901ac63f020014548e26&c=triodos

[b] https://www.leihdeinerstadtgeld.de

Führt in weiteren Schritten ein Staat oder Europa Teile oder die gesamte monetäre Demokratiestruktur ein, so können die Gelder und die Daten der Teilnehmer und Teilnehmerinnen, die einen Rentenanspruch daraus erzielen, an die höhere Struktur weitergegeben werden.

Es wird deutlich, dass ohne Gesetzesänderungen Grundbausteine der direkten Demokratie gelegt werden können. Es fehlt hier die Initiative der Gemeinden und Städte, ein gleichgerichtetes Handeln zu vereinbaren und durchzuführen.

6.2 Geschäftsmodell für Lebensversicherungen

Die Gesellschaften der Lebensversicherungen sind in der Infrastruktur der monetären Demokratie als Ansprechpunkte für die Einzahler / Privatpersonen ausdrücklich aufgeführt. Es kann nun eine Lebensversicherung angeboten werden, die eine geringe Verzinsung und einen Inflationsschutz bietet, wie es die monetäre Demokratie vorsieht. Die Vertreter der Versicherung können jetzt als Kapitalgeber an die Gemeinden, Städte usw. herangehen und nachhaltige Infrastrukturprojekte aufnehmen. Mit einer Werbekampagne der Lebensversicherer verbunden mit einer lokalen Werbung der Städte, Regionen usw. können private Kapitalgeber gefunden werden. Diese schließen eine Lebensversicherung mit der Zuordnung ihres Kapitals auf ein konkretes Projekt ab. Ist dieses finanziert, geht der Einzahlungsbetrag direkt an die Gemeinde / Regionen und das Projekt kann realisiert werden.

Für die Verwaltung der Gelder und der personenbezogenen Daten erhält eine Lebensversicherung einen Beitrag, der die Kosten und eine Gewinnmarge enthält. Tritt nun ein Rentenfall ein, d.h. Rentenzahlungen werden fällig, dann überweisen die Kreditnehmer, also Städte, Gemeinden usw., die Beträge inklusive der Verzinsung und den Inflationsausgleich an die Lebensversicherer. Die Lebensversicherungen haften erst dann, wenn ein Kreditnehmer insolvent wird. Für dieses Ausfallrisiko erhält der Lebensversicherer eine Prämie. Das Risiko für die Lebensversicherungen bei öffentlichen Kreditnehmern ist jedoch äußerst gering.

Wird die monetäre Demokratie dann auf Staatsebene oder auf europäischer Ebene eingeführt, so muss in den Verträgen bereits verankert sein, dass die Haftung für die Rentenauszahlung zum Staat bzw. zum Rententopf der monetären Demokratie übertragen wird und das Restrisiko für die Versicherungsgesellschaft damit entfällt.

Die Lebensversicherer haben heute das Problem, die Kapitalien der vorhandenen Verträge gewinnbringend anzulegen. Die Politik wird daher gedrängt, öffentliche Infrastrukturen durch das Modell der öffentlich-privaten Partnerschaften (ÖPP) zu finanzieren. Dieses Modell ist jedoch in der Politik und der Bevölkerung sehr umstritten. Um aus dem Dilemma von hohen Renditen für die Lebensversicherungen entfliehen zu können, kann eine vertragliche Änderung bestehender Verträge den Versicherten angeboten werden. Die Versicherer können das Modell der monetären Demokratie nutzen, um das seit längerer Zeit sich negativ entwickelte Image der Lebensversicherungen neu zu beleben. Folgende Punkte könnten unterstützend wirken:

- Es treten nicht die großen Vermögensverwalter dem Staat gegenüber, um ihr Geld gewinnbringend anzubringen
- Die Rückzahlungen beginnen erst bei Rentenanspruch einzelner Investoren
- Der Investor entscheidet selbst, in welches Projekt sein Kapital fließen kann: in Infrastruktur, Umwelt- oder Klimaprojekte

Eine Einführung derartiger Lebensversicherungen ist erst dann sinnvoll, wenn die entsprechenden rechtlichen Seiten für alle deutlich klar sind. Ich sehe große Chancen für die Lebensversicherer, ihre belastenden Altverträge in eine neue rechtliche Form umzuwandeln und sich aus dem Druck für hohe Renditen befreien zu können.

6.3 Einführung bei einem Staat

Wie bei Kapitel 3.1 zum Rentenfonds aufgeführt ist, verwalten einige Staaten bereits ein Staatsfonds bzw. Rentenfonds.

Diese Fonds könnten erweitert werden um einen Teil, in dem Teilnehmer und Teilnehmerinnen projektbezogene Einzahlungen als zusätzliche Leistungen einbringen können. Durch einen politischen, parlamentarischen Entscheid könnte ab einem gewissen Zeitpunkt und einer vorhandenen Infrastruktur für die Darstellung der finanzierenden Projekte die Prinzipien der monetären Demokratie per Gesetz eingeführt werden (geringe Verzinsung / Inflationsschutz / Rentenzahlungen).

Falls Grundprinzipien der monetären Demokratie durch Gemeinden oder Städte bereits vorhanden sind, ist eine Abstimmung bezüglich der Zinshöhe und der zugrunde gelegten Tabellen zur Berechnung einer Rente notwendig.

Komplexer gestaltet sich die Teilhabe der Bevölkerung über den Staatshaushalt. In der europäischen Union gibt es unterschiedlichste Formen der Demokratie, so dass in jedem Staat geprüft werden muss, wie die Einführung rechtlich stattfinden kann.

In Deutschland sind plebiszitäre Abstimmungen nur auf Länderebene mit verschiedenen Ausprägungen möglich, wie z.B. den Quoren (Mindestwahlbeteiligungen). Die Frage ist rechtlich zu prüfen, ob die Teilhabe der Bevölkerung am Staatshaushalt unter dem Aspekt der plebiszitären Mitbestimmung fällt oder nicht. Am 13.7.2017 wurde Artikel 90 des Grundgesetzes derart geändert, dass für den Unterhalt und Neubau bei Bundesautobahnen auch Öffentliche Private Partnerschaften (ÖPP) als Finanzierungsquelle möglich werden[a]. Ist für die monetäre Demokratie eine Grundgesetzänderung notwendig, so ist dafür um eine Mehrheit zu werben. Im anderen Falle können die Leistungen des Staates an die Bevölkerung als eine Förderung für eine kapitalgedeckte Rente angesehen werden.

In jedem Staat sind die rechtlichen möglichen Restriktionen zu prüfen und eventuell Anpassungen in den jeweiligen Verfassungen anzustreben.

---

[a] Bundesgesetzblatt vom 19.07.2017

6.4 Einführung in Europa

Die europäische Subventions- und Förderpolitik wird vielfach kritisiert. Hierzu verweise ich auf Kapitel 4.10. Die verantwortlichen politischen Gremien in Europa, also das Europäische Parlament, die Kommission und der Europäische Rat können die stark kritisierte europäische Subventionspolitik neu im Sinne der monetären Demokratie ändern. Durch einen Beschluss, die notwendige EDV-technische Infrastruktur aufzubauen, ist der erste Schritt getan. Bestehende Rechenzentren, wie bei der EIB (Europäische Investitionsbank), die den EFSI-Fonds verwaltet, könnten einzubinden sein. Die zurzeit nicht abgerufenen 270 Mrd. € könnten in den Rentenfonds einfließen. Damit wären bereits sehr viele Projekte finanziert. Ebenfalls könnten Projekte einfließen, bei denen die Gelder für die Feinplanungen fehlen.

Bis die EDV-Plattform und die Struktur der monetären Demokratie mit dem Datenaustausch der Lebensversicherungen / Banken für die personenbezogenen Daten etabliert sind, könnte die bisherige Verwaltung der EIB die Projekte auswählen. Die Kriterien richten sich dann jedoch nach denen der monetären Demokratie, so dass die Projektanträge und Beschreibungen veröffentlicht werden. Um die Einflussnahme der gewählten Politiker und der betroffenen Staaten zu minimieren, ist eine vollständige Einführung der monetären Demokratie mit der rationalen Entscheidung der Bevölkerung notwendig.

Bei den bestehenden Strukturen der EU wird in manchen Bereichen Einstimmigkeit bei Abstimmungen verlangt. Es besteht die Möglichkeit, dass einzelne Regierungen Nachteile bei der Einführung der monetären Demokratie befürchten. In diesem Fall wäre eine Staatengemeinschaft der ‚Willigen' sinnvoll. Da die monetäre Demokratie wesentlich auf die Entscheidungskompetenz des Volkes basiert, sollte das Europäische Parlament über seine Rechte (Verbot eines Projektes, Kontrollmöglichkeiten der Realisierung eines Projektes usw.) mit Mehrheitsentscheid bestimmen können. Diese Machtverschiebung auf das Europäische Parlament entspricht nach den gängigen und zu hörenden Meinungen dem Willen der betroffenen Menschen.

7. Klimapolitik unter Berücksichtigung der Effizienz

7.1 Meine These zur Klimapolitik

Der Weltklimareport im Oktober 2018[66] mahnt unter anderem an:

„Wollen wir das Schlimmste verhindern, muss das 1,5°C-Limit eingehalten werden, aber dies erfordert sofortige Veränderungen in allen Bereichen der Gesellschaft." Und weiter: „Es ist möglich, die Erderwärmung zu bremsen dank alternativer Wirtschaftsmodelle, einem anderen Konsumverhalten, aber vor allem müssen die Regierungen Verantwortung übernehmen."

Für den ‚Otto Normalverbraucher' kann folgendes Bild entstehen: Ich als Bürger kann nichts tun, es muss ein neues Wirtschaftsmodell kommen. das meine bisherige Lebensqualität negativ beeinflusst und meinen Konsum einschränkt. Verantwortlich bin nicht ich, sondern die Regierung.

In Deutschland wird die Energiewende finanziert durch die EEG-Umlage auf den Stromverbrauch (ausgenommen Großindustrien), auf die Ökosteuer auf Kraftstoffe und den Netzentgelten. Dies sind Kosten, die der kleine Mann zu tragen hat. In Frankreich hat im November / Dezember 2018 die Regierung unter Macron denselben Weg mit Ökosteuern auf Treibstoffe einschlagen wollen. Dies war der Auslöser, dass die ‚Gelbwesten' auf die Straße gingen und beträchtliche Schäden in Paris und anderswo durch gewalttätige Demonstranten entstanden.

Der sinnvolle Ausstieg aus der Atomenergie in Deutschland hat notwendigerweise den Ausbau regenerativer Energien in erhöhtem Maße zur Folge. Im Norden Deutschlands werden Windparks erstellt, die der dortigen Bevölkerung ein ungeahntes Wachstum brachte[67]. Gleichzeitig kann die dort erzeugte elektrische Energie nicht ausreichend in die südlich gelegenen Gebiete transportiert werden, da die Netze noch nicht ausgebaut sind. Die ursprüngliche Planungen, die Stromtrassen als Oberlandleitungen vorsahen, wurden von vielen betroffenen Bürgern durch Proteste sinnvollerweise verhindert. Mit Mehrkosten von Milliardenbeträgen werden jetzt Erdleitungen verlegt, die erst in einigen Jahren fertig sein werden.

Neben den CO_2- und Methanbelastungen, die den Treibhauseffekt der Erde wesentlich bestimmen, erleben die Bürgerinnen und Bürger in Deutschland auch Umweltbelastungen in anderen Bereichen. Nach dem Dieselskandal sind Feinstaub- und NO_x-Belastungen in den Debattenraum gekommen.

Vergleichen wir die Fahrverbote in Städten für ältere Dieselfahrzeuge mit den verpflichtend in Deutschland zu veröffentlichenden Umweltreporten der Konzerne. Sabine Braun, Nachhaltigkeitsberaterin[68]spricht: „Es stimmt, dass man natürlich versucht, die Dinge nicht ganz so übel vielleicht dastehen zu lassen." Auch bei der Zementherstellung gibt es alternative Methoden, die 80 % an Material einsparen (Verwendung von Karbon statt Stahl). Die Klimaschützerin Femke de Jong von Karbon Market Watch sagt hierzu, „dass die Zementindustrie nach unseren Recherchen eine aktive Veränderung der Baunormen verhindert, darin sehen sie eine Bedrohung ihres Geschäftsmodells". Der Reporter fasst es so zusammen: „Es ist die zunehmende Simulierung des Klimaschutzes, als wäre Deutschland ein einziges riesiges VW-Werk, in dem die Umweltnormen oft nur auf dem Papier eingehalten werden."

Bereits im Sommer 2013 findet man in einer Schülerzeitung[69] eine Untersuchung auf die CO_2-Belastung durch Flugzeuge. Im Kurzstreckenverkehr wird pro Person und pro Kilometer durchschnittlich 380 Gramm CO_2 ausgestoßen. Das ist mehr als doppelt so viel, wie der Durchschnittsverbrauch eines Autos. Bei Langstreckenflügen, wie z.B. mit dem Airbus A380, sind es pro Passagier und Kilometer 86 Gramm CO_2. Als Beispiel: Fliegen drei Freundinnen von Stuttgart nach Mailand wird bei der Flugstrecke von 390 km die Atmosphäre mit 448 kg CO_2 belastet. Eine Familie mit 2 Kindern, die mit dem Auto in Urlaub fahren, käme damit 2.890 Kilometer weit.

Prof. Stefan Gössling, Experte für Klimapolitik,[70] spricht heute hierzu: „Ich weiß keine andere menschliche Aktivität, die so viele Emissionen produziert in so kurzer Zeit wie das Fliegen. Da ist sicherlich weniger der innerdeutsche Flugverkehr besonders ineffizient und sollte aus diesem Grund abgeschafft werden.“ Herr Gössling meint: „Da hilft nur eins: weniger fliegen!“ Der Verzicht einer Familie, die beim Langzeitprojekt des Instituts für Klimafolgenforschung teilnimmt, hat den größten ‚Batzen‘ CO_2-Ausstoß von 6 t gespart, als sie auf einen Urlaubsflug verzichteten[a]. Und hierzu die Schüler: „Der Mensch macht einfach, ohne zu wissen, was daraus wird!“

Die Bürgerinnen und Bürger wissen wohl, dass der Klimawandel zu 50 % aus den Industrienationen durch den Ausstoß von CO_2 verursacht wird. Sie wissen aber auch, dass die Industrienation USA unter Trump aus dem Klimaabkommen von Paris ausgetreten ist und dass das Erdöl durch Gewinnung des Öls aus Schiefersand in Amerika und Kanada umweltbelastend gefördert wird. Sie wissen auch, dass China den wesentlichen Strom aus Kohlekraftwerken erzeugt und dass in Entwicklungsländer wie Bangladesch neue Kohlekraftwerke geplant sind. Auch wissen sie, dass in der Klimakonferenz von Paris 2015 nur die Einigung erzielt wurde, dass die Erde sich nicht mehr als 2°C, besser 1,5°C, erwärmen darf. Im Dezember 2018 in Katowice einigte man sich erst auf ein Regelwerk, wie der CO_2 – Ausstoß in einem Land bestimmt wird, und dass die Ergebnisse des Weltklimarates anerkannt werden. Die Bürgerinnen und Bürger dürfen aus dem Versagen der internationalen Politik und den wenig effektiven Vorgehen in Deutschland, verbunden mit den hohen Kosten für die Normalbürger, begründet den Schluss ziehen, dass eigenes Handeln keinen wesentlichen Fortschritt in der Klimapolitik bringt.

Und es gibt genügend Organisationen, die den Klimawandel einfach leugnen[b]. In Amerika gibt es das erzkonservative Institut ‚The Heartland Institute‘, dessen Mitglied Jay Lehr sich damit brüstet, dass er die

---

[a] Mittagsmagazin ARD/ZDF (3.12.2018)

[b] Quelle Monitor vom 08.12.2018, Tagesschau 24

Trump-Administration zum Ausstieg aus dem Klimaabkommen von Paris erfolgreich gedrängt hat. Im Europaparlament ist der Klimaleugner Steward Agnew als Berichterstatter des Agrarausschusses zu dem Schluss gekommen, dass für die Kommission aufgrund des nicht vorhandenen Klimawandels kein zu lösendes Problem vorhanden sei (der Bericht wurde von der Mehrheit des Ausschusses abgelehnt). In Deutschland sprach Herr Karsten Hilse von der AFD von der ‚Irrlehre des von Menschen gemachten Klimawandels'. Dahinter stehen erzkonservative Denkfabriken, wie das Europäische Institut für Klima und Energie (EIKE), die es erreicht haben, dass der Klimaleugner, Prof. Nir Shaviv, der Hebräischen Universität Jerusalem RACAH, Institut für Physik, im Bundestag diese wissenschaftlich widerlegte Thesen unwidersprochen vortragen durfte.

Wer kann den 16 % der Deutschen noch vorwerfen, dass sie glauben, es gäbe keinen Klimawandel![a]

Wenn man in Deutschland nach politischen Parteien schaut, die den Klimawandel ernst nehmen und Veränderungen herbeiführen wollen, so kommt man an der Partei Bündnis 90/Die Grünen nicht vorbei. Die Vorsitzende Annalena Baerbock äußerte sich im Sommerinterview im ZDF vom 05.08.2018: „Klimapolitik geht nur, wenn man an der Macht ist". Frau Baerbock ist Vorsitzende der Partei, die den Veggie Day einführen wollte, der zurückgenommen worden ist. Die Bundesministerin für Umwelt hat in einem Interview bei der Klimakonferenz in Katowice 2018 sinngemäß mitgeteilt, dass, wenn freiwillige Restriktionen nicht wirksam sind, man auf die Gesetzgebung zurückzugreifen habe.

Man hat bei Kantinen festgestellt, dass bei der Angabe von dem CO_2-Ausstoß der unterschiedlichen Gerichte die Kunden diese Angaben ernst nehmen und CO_2-arme Gerichte vermehrt auswählen. Eine derartige Angabe in Supermärkten verbindlich einzuführen, erinnert mich an die ‚Ampel', die signifikant die negativen Bestandteile von Lebensmitteln wie Zucker, Salz für den Endverbraucher hervorheben sollen. Diese Regelung wurde nach meiner Kenntnis von der Deutschen Regierung verhin-

[a] Quelle Monitor vom 08.12.2018, Tagesschau 24

dert. In Katowice wurde berichtet, dass bei einem Umstieg von Rind- auf Schweinefleisch der Methanausstoß von Rindern wesentlich die treibhausfördernden Gase verringern kann. Verfolgt man dieses Ziel, muss in der schwäbischen Sketchserie ‚Hannes und der Bürgermeister' auf den beliebten Rostbraten im Ochsen verzichtet werden. Wie könnte eine Gesetzgebung national und international überhaupt verwirklicht werden?

Fassen wir kurz zusammen: Die Bürgerinnen und Bürger werden bei dem Kampf gegen den Klimawandel mit höheren Lebenshaltungskosten konfrontiert und erleben, wie die Amerikaner ohne Einschränkungen weitermachen dürfen. Die Politik erreicht selbstgesetzte Ziele nicht und ‚droht' mit restriktiven Gesetzen. Wachstumszahlen in der Automobilindustrie und im Passagieraufkommen im Flugverkehr werden von Politik und Börse gefeiert, jedoch auf Kosten der Umwelt. Internationale Abkommen produzieren Unmengen von Papieren und Berichten, die vom Otto-Normalverbraucher nicht mehr nachvollziehbar sind – und demokratische Geduld einfordern. Es ist weder den Politikern noch den Wissenschaftlern gelungen, die Bürger von der Klimapolitik zu überzeugen. Sie sind an dieser Sisyphusarbeit gescheitert. Es besteht nicht nur die Gefahr, dass die Klimaziele verfehlt werden, sondern auch, dass das zerbrechliche Gebilde der Demokratie einstürzen könnte.

Es muss den Bürgern die Möglichkeit zum Handeln gegeben werden, den Bürgern, die positiv handeln und verändern wollen. Die monetäre Demokratie und die monetäre Klimapolitik unter Berücksichtigung der Effizienz sind derartig aufgebaut. Ich fordere die politischen und wissenschaftlichen Eliten auf, in der Öffentlichkeit die zwei sich ergänzenden Modelle zu diskutieren, die angegebenen Variablen sinnvoll zu fixieren und die ersten Schritte zur Einführung einzuleiten.

7.2 Status (unveränderte Übernahme von 2015)

Es gibt weltweit über 500 Umweltprogramme, teilweise mit eigenen Sekretariaten. Seit der ersten Umweltkonferenz 1972 in Stockholm wurden fast 200 multilaterale, das heißt gleichberechtigte und kooperative Umweltabkommen erzielt. Das Umweltprogramm der Vereinten Nationen UNEP hat seinen Sitz in Nairobi und soll reformiert werden.

Der G7-Gipfel in Elmau im Juni 2015 brachte die Selbstverpflichtung der Industrieländer, dass sie den Kohlendioxidausstoss, der durch Verbrennung fossiler Energien entsteht, Ende des Jahrhunderts auf null bringen wollen (Dekarbonisierung). Die Treibhausgase sollen bis 2050 im Vergleich zu 2010 bei den Vertragsparteien des UNFCCC entsprechend der IPCC- Empfehlungen um 40% bis 70% reduziert werden. Bei den Fluorkohlenwasserstoffen (FKWs) verwies man auf das Montrealer Protokoll.

Auf der Klimakonferenz im Dezember 2015 in Paris (COP21) soll eine „rechtliche Übereinkunft ... unter dem Rahmenübereinkommen der Vereinten Nationen über Klimaänderungen (UNFCCC)“ erzielt werden.

Die G7-Gruppe beschloss in Elmau weiterhin den wissenschaftlich und technischen Wissensaustausch, die Einbindung öffentlichen Kapitals, Privatfinanzierungen, Gesetze und Regelungen in allen Ländern usw. Dies soll durch internationale Institutionen und Übereinkommen forciert werden.

Ausdrücklich wird zur Finanzierung auf private Mittel verwiesen: „Zur Überwindung bestehender Investitionshindernisse werden Finanzierungsmodelle mit hohem Mobilisierungseffekt benötigt.“

Am 03.08.2015 veröffentlichte der US-Präsident Barak Obama seine neuen Umweltziele. Die Kohlekraftwerke sollen den CO_2-Ausstoß um 30% bis 2030 senken und der Einsatz erneuerbare Energien forciert werden. Eine Umsetzung dieser Ziele in den USA ist sehr schwierig, da häufig die Verursachung des Klimawandels durch die Menschheit geleugnet wird und die Industrie zu hohe Kosten befürchtet.

Am 04.08.2015 veröffentlichte das deutsche Bundesumweltamt den Umweltbericht 2015. In allen uns bekannten Veröffentlichungen und Ankündigungen fehlt uns ein leicht verständliches, gerechtes und zukunftsorientiertes Regelwerk, das international einsetzbar und kontrollierbar, jedoch individuell, d.h. entsprechend nationalen Gesetzen, in jedem Staat umgesetzt werden kann.

7.3 Kritikpunkte an der politischen Vorgehensweise

7.3.1 Ursachen des Klimawandels werden nicht beachtet

Bei den internationalen Abkommen verpflichten sich die Staaten, in ihren eigenen Grenzen den CO_2-Ausstoß zu verringern. Hierzu dienen nationale Gesetze und Regeln.

Der Konsum in den Industrieländern verursacht den CO_2-Ausstoß jedoch auch in anderen Ländern. Als Beispiel sei das Abfackeln von Erdgas bei der Förderung von Erdöl durch international tätige Konzerne wie Shell, BP usw. in Ländern wie Niger, Gabun, Russland usw. genannt. Trotz des Verbotes in Europa, das Begleitgas abzufackeln, wird derart gefördertes Öl importiert[71].

Im Palmölgeschäft wird der Regenwald abgeholzt und durch Monokulturen ersetzt. Den indigenen Bevölkerungsgruppen wird ihre Heimat zerstört und mit Millionen Liter Pflanzenschutzmittel das Grundwasser verseucht. Vierhundert Unternehmen im Palmölgeschäft arbeiten in einer Organisation mit dem WWF zusammen, der die Nachhaltigkeit der Bewirtschaftung zertifiziert. Greenpeace bezeichnet das Zertifizierungssystem des WWF als Etikettenschwindel[72]. Der Schutz der Regenwälder als ‚grüne Lunge der Erde' ist eine Aufgabe der gesamten Menschheit.

Obwohl die Ursachen des Klimawandels mit bei den Industriestaaten liegen, gibt es kein Regelwerk, das Anstrengungen dieser Staaten in einem anderen Staat als Klimaschutzbeitrag berücksichtigt.

7.3.2 Einbindung von privaten Investoren

Wie in Elmau 2015 betont wurde, sollen ‚Finanzierungsmodelle mit hohem Mobilisierungseffekt' geschaffen werden. Dies wird von der Politik aktiv verfolgt. Zum Beispiel hat das Bundesministerium für Wirtschaft und Energie im Juli 2015 zu einer Informationsveranstaltung für die Finanzierung in Ländern von Lateinamerika eingeladen[73]. Wie in der monetären Demokratie beschrieben, arbeitet das private Kapital jedoch nicht generationenübergreifend, sondern gewinnbringend auf einen Anlagehorizont.

Es gibt kein internationales Regelwerk, das im Sinne des Umwelt- und Klimaschutzes generationsübergreifende Investitionen belohnt.

7.3.3 Der Klimawandel und die staatliche Souveränität

Es ist richtig, dass auf Weltklimakonferenzen die Problematik des Klimawandels allen Regierungen näher gebracht wird. Dahinter verbirgt sich die *liebgewordene Selbstverständlichkeit* der Souveränität von Staaten, wie sie von der UN verabschiedet wurde. Auf diesen Konferenzen versucht man, durch ‚demokratischen Streit' zu Regelwerken zu kommen, die von allen akzeptiert werden. Jeder Staat bestimmt selbstverpflichtende Ziele. Bei einem Regierungswechsel, wie in Deutschland oder den USA, wird die Politik geändert, ambitionierte Ziele aufgegeben oder sogar aus dem Klimaabkommen ausgetreten.

Vergleicht man die Bedrohung des Klimawandels mit einem menschheitsbedrohenden Angriff von ‚Marsmenschen', so wird deutlich, dass das nationalistische Verhalten von den Ländern wie USA, Russland und China den Problematiken nicht gewachsen ist. Erst dann, wenn man eine Armee von Marsmenschen sieht, würden diese Staaten zusammenarbeiten. Bei dem Klimawandel ist dies nicht der Fall. In jedem Staat gibt es jedoch Menschen, meistens Minderheiten, die etwas gegen den Klimawandel und die lokale Umweltverschmutzung tun wollen.

Es gibt kein von Regierungen unabhängiges international wirksames System, das (auch Minderheiten) aktiv mit Geld dauerhaft Projekte gegen den Klimawandel realisieren kann (lässt).

7.3.4 Internationale Zusammenarbeit und Finanzierung

In den bisherigen Verhandlungen und den Vorschlägen für die Pariser Konferenz gibt es nur Absichtserklärungen einzelner Länder, den Ausstoß klimaschädlicher Stoffe zu verringern. Jedes Land mit den unterschiedlichsten Wirtschaftssystemen, Regeln und Förderungsmöglichkeiten muss eigene Wege zur Umsetzung der Ziele finden.

Es gibt keinen Ansatz, der finanzielle, internationale Anstrengungen für den Umweltschutz belohnt. Es fehlt eine internationale Plattform, bei der einfache Messmethoden weiter entwickelt und standardisiert werden können. Es gibt keinen Marktplatz, auf dem das Angebot technischer Lösungen und finanzieller Mittel der Nachfrage gegenübergestellt wird.

7.3.5 Unterscheidung zwischen Klima- und Umweltschutz

Kohlekraftwerke stoßen nicht nur das klimaschädliche CO_2 aus, sondern auch Giftstoffe wie Quecksilber oder Rußpartikel. Smog verpestet lokal die Luft und verschmutzte Flüsse zeugen von umweltbelastenden Produktionsmethoden.

Die Klimaabkommen vernachlässigen und verharmlosen damit die sichtbare (auch lokale) Umweltverschmutzung. Daher wird auf die Möglichkeit verzichtet, dass Skeptiker des Klimawandels leichter internationalen Abkommen zustimmen könnten.

7.4 Prämissen der monetären Klimapolitik

- Jeder Staat hat das Recht auf wirtschaftliches Wachstum und der Erhöhung des Lebensstandards seiner Bevölkerung.
- Jeder Staat verpflichtet sich, einen gewissen Prozentsatz des Bruttoinlandprodukts (BIP), den hier genannten Anrechnungsbetrag (AB), für den Umweltschutz vorzusehen. Der Anrechnungsbetrag setzt sich zusammen aus Investitionen der öffentlichen Haushalte, aus Privatinvestitionen und Investitionen, die von Inländern in andere Staaten vorgenommen werden.
- Die Investitionen sind nicht ortsgebunden, sondern nach bilateralen Absprachen überall möglich.
- Bei einer Investitionssumme wird die Effizienz der technischen Neuerung berücksichtigt, siehe nächstes Kapitel.
- Das Ergebnis jeder Investition wird technisch transparent einheitlich veröffentlicht.

7.5 Monetäre Bewertung einer Investition

Eine konkrete Investition (IN) wird als Anrechnungsbetrag (AB) zu seiner Selbstverpflichtung laut Kapitel 7.4. wie folgt berücksichtigt:

AB= IN – EKB wobei EKB der **E**ffizienz –**K**ürzungs**b**etrag ist

Der EKB drückt aus, wie effektiv die technische Maßnahme ist. Er berechnet sich aus der Investitionssumme multipliziert mit dem Wirkungsgrad W der technischen Maßnahme nach:

EKB = IN * W

Dabei ist $W = \frac{UWBneu}{UWBalt}$

UWB_{neu} ist die Umweltbelastung je Energieeinheit (kWh oder MWh) (z.B. CO_2-Ausstoß, Rußpartikel usw.) nach der Investition, UWB_{alt} vor der Investition, bzw. bei Energieeinsparungen der Energiebedarf nach und vor einer Modernisierung. Allgemein also:

$$AB = IN - IN \cdot \frac{UWBneu}{UWBalt} = IN \cdot (1 - \frac{UWBneu}{UWBalt})$$

Diese Berechnungsart wird an verschiedenen Beispielen verdeutlicht.

7.5.1 Neubau von Stromkraftwerken

(Wind, Solar, Wasser- (Tide, Wellen etc)) und Wärmeeinrichtungen (Sonnenkollektoren, Sonnenöfen etc.) ***ohne*** Umweltbelastung. Hier ist der UWB_{neu} gleich Null, also wird der volle Investitionsbetrag als Umweltmaßnahme angerechnet.

Beispiel:
Sonnenkraftwerke werden zurzeit in Wüstenländern südlich des Mittelmeeres gebaut[74]. Das Projekt DESERTEC wurde nach dem Ausstieg großer Konzerne wie Siemens oder Bosch bereits abgeschrieben, lebt jedoch durch den in Deutschland bekannten Roland Berger wieder auf. Durch die instabile Lage im Nahen Osten durch Kriegswirren kommen

leider nur noch wenige Staaten für dieses Projekt in Frage. Durch eine konkrete Investition oder finanzielle Förderung von einem Industrieland könnte z.B. in Tunesien nicht nur ein dortiges Wachstum geschaffen werden, sondern auch eine aktive Außenpolitik betrieben werden. Der Anrechnungsbetrag kann bei Mischfinanzierungen, z.B. Tunesien und ein Industrieland, geteilt zugeordnet werden.

7.5.2 Modernisierung vorhandener Anlagen

(z.B. Filtereinbau in Kohlekraftwerke) oder Ersatz vorhandener Anlagen (z.B. Kraft-Wärme-Anlagen für alte Heizungen, Wärmepumpen etc.)

Ist z.B. die UWB_{neu} noch 70% der alten Umweltbelastung, dann folgt:

$$AB = IN \cdot (1 - \frac{0{,}7 \cdot UWBalt}{UWBalt}) = 0{,}3 \cdot IN$$

Es wird also nur 30% der Investitionssumme angerechnet. Für den Betreiber einer Anlage könnte der Vorteil darin liegen, dass er mit einer geringeren Investition neue Grenzwerte einhält und damit eine längere Laufzeit erreicht.

Ist die UWB_{neu} dagegen 10% der UWB_{alt}, also eine Reduzierung der Umweltbelastung um 90%, so werden 90% der Investitionssumme angerechnet.

An diesem Beispiel wird die Flexibilität des Regelwerkes deutlich. Noch größere Gestaltungsspielräume ergeben sich, wenn mehrere Schadstoffe berücksichtigt werden.

Bleibt z.B. bei einer Investition der Ausstoß von CO_2 und von Stickoxid (NO_x) gleich, jedoch reduzieren sich SO_2 (Schwefel auf 2/3), HG (Quecksilber um 90% auf 10%), Staub/Ruß (auf 1/3), so könnte sich bei einem Einbau eines SCR Katalysators in einem Braunkohlekraftwerk folgendes Bild ergeben:

$$W = \frac{UWB_{neu}}{UWB_{alt}} = \frac{CO_{2neu}}{CO_{2alt}} \cdot \frac{NO_{xneu}}{NO_{xalt}} \cdot \frac{SO_{2neu}}{SO_{2alt}} \cdot \frac{HG_{neu}}{HG_{alt}} \cdot \frac{Staub_{neu}}{Staub_{alt}} = 1 \cdot 1 \cdot \frac{2}{3} \cdot 0{,}1 \cdot \frac{1}{3} = \frac{1}{45}$$

.

Für den staatlichen Anrechnungsbetrag ergibt sich dann:

$$AB = IN \cdot (1 - W) = IN \cdot (1 - \frac{1}{45}) \approx 0{,}98 \cdot IN$$

also ca. 98% der Investitionssumme.

Fügt man den Wirkungsgrad der Energieeffizienz, z.B. durch einen neuen Brenner, E_{nach}/E_{vor} als Faktor hinzu (wobei gleichzeitig der CO_2-Ausstoß verringert wird), ergeben sich noch bessere Werte. Ebenfalls könnte eine Gewichtung der Schadstoffe in die Formel aufgenommen werden. Staub könnte mit einem Faktor ungefährlicher als Quecksilber gewichtet werden.

7.5.3 Nutzung von ‚Energieabfällen'

Hierunter verstehen wir u.a. das Abfackeln des Erdgases bei der Ölförderung. Technisch realisierbar ist der Antrieb von Generatoren mit diesem Gas und die Investition ist voll anrechenbar. In der Quelle 71 wird ausgeführt, dass sich in Ecuador durch Nutzung des Begleitgases die Investition von 150 Mio. USD bereits in zwei Jahren amortisiert.

Die jetzt freiwerdenden CO_2-Zertifikate ermöglichen Ecuador, andere Umwelt belastende Industrien nicht zu modernisieren. Unser Konzept der stetig-transparenten Selbstverpflichtung erfordert jedoch neue Investitionen in den Umweltschutz, sobald der Prozentsatz am BIP noch nicht erreicht ist. Man kann also indirekt von einem Konjunkturprogramm sprechen.

Weitere Nutzungsmöglichkeiten von ‚Energieabfällen' ist die Wärmenutzung von (vorhandenen) Großkraftwerken in Fernheizungssysteme, deren Investitionssumme ebenfalls voll anerkannt werden könnte.

Auf der Hannover Messe 2015 wurden neue technische Großanlagen präsentiert, die noch von der Töpfer-Kommission zum Ausstieg aus der

Atomenergie in Deutschland als ‚mit zu geringem Wirkungsgrad' negativ bewertet wurden. Zum einen nenne ich den Einstieg in die Wasserstofftechnik für nicht sofort genutzten elektrischen Strom aus Wind- oder Sonnenkraftwerken. Der Wasserstoff kann jedoch ungefährlich bis zu einem gewissen Prozentsatz in vorhandene Erdgasleitungen eingespeist werden. Zum anderen nutzt eine Anlage den überflüssigen Strom, um künstlich Methan herzustellen, das direkt über ein Tankstellennetz als Kraftstoff den Fahrzeugen zur Verfügung gestellt werden könnte.

Beide im letzten Absatz genannten technischen Neuerungen stehen im Wettbewerb zu anderen Systemen und Infrastrukturen. Bei der Energiewende in Deutschland setzt man viel auf Windkraftwerke im Norden, wobei die elektrische Energie über Stromnetze in den industriereichen Süden zu transportieren ist. Zusätzlich müssen bei geringeren Phasen der Stromerzeugung, z.B. bei Windstille, vorher erzeugte Energiemengen in anderen Systemen gespeichert werden. Als Anrechnungsbetrag (AB) gehen also alle technischen Investitionen für diese generelle Umstellung der Stromversorgung in Deutschland in den Anrechnungsbetrag ein.

7.5.4 Neue Kohle- und Gaskraftwerke

Erhöht sich in einem Staat die Industrialisierung und der Lebensstandard, geht dies Hand in Hand mit einer höheren Umweltbelastung. Um trotzdem ein Wachstum zu ermöglichen und die Umweltbelastung zu berücksichtigen, müssen diese neuen Kraftwerke so umweltschonend wie möglich gebaut werden. Sie sind daher teurer. Der mögliche Ansatz lautet:

$$AB = IN \cdot (1 - \frac{UWBneu}{UWBdurch}) \, .$$

Dabei ist UWB_{durch} die durchschnittliche UWB der in diesem Staat vorhandenen Kraftwerke je erzeugter Energiemenge (MWh).

Damit wird erreicht, dass die durchschnittliche Emission weiter sinkt und der Staat den Umweltverpflichtungen mit einem wirtschaftlichen Wachstum nachkommt.

7.5.5 Investitionen in die Stromnetze

Wind- und Solarstrom sind wetterabhängig und die daraus erzeugte elektrische Energie muss über weite Strecken transportiert werden: bei uns in Deutschland die Windenergie aus dem Norden in den Süden, künftig (hoffentlich) Solarstrom aus den südlichen Ländern (Desertec) in den Norden. Hier könnten bipolare HGÜ Erd- und Seeleitungen gesetzlich zur Pflicht werden. Diese Leitungen werden von der Bevölkerung mehr akzeptiert und sind wesentlich umweltfreundlicher. Uns ist nicht bekannt, ob das zurzeit gelegte HGÜ-Seekabel nach Norwegen zur Nutzung von Stauseen als Stromspeicher oder die geplanten Erdleitungen (Nord-Süd-Trasse) nach Bayern bipolar ausgelegt sind. Das 250 km lange Baltic Cable von der Lübecker Bucht (Deutschland) nach Malmö (Schweden) ist nicht bipolar. Als Folge soll das Meer lokal mit Natronlauge verschmutzt und anderseits Rostfraß an versenkter Giftgasmunition aus den Weltkriegen verstärkt sein[75].

Für die Netzstabilität bei Mehrregenerativenergien wie Windkraftanlagen und Solaranlagen sind wetterbedingt Energiespeicher gefragt, die für eine notwendige Netzstabilität sorgen können. Diese sind neue Wasserkraftwerke wie im Schwarzwald, Batteriespeicher, Kraftwerke, die mit synthetischen Treibstoffen oder Gasen betrieben werden usw. Diese für eine Energiewende notwendigen Investitionen sollten ebenfalls als Anrechnungsbetrag mitberücksichtigt werden.

7.5.6 Energieeinsparungen

Hier wird der Wirkungsgrad W durch den Energieverbrauch nach (E_{nach}) und vor (E_{vor}) einer Maßnahme herangezogen, also

$$AB = IN \cdot (1 - \frac{Enach}{Evor}).$$

Wird z.B. bei einer Dämmung eines Hauses 20% Energieeinsparungen erzielt, also noch 80% benötigt, so folgt:

$$AB = IN \cdot (1 - \frac{Enach}{Evor}) = IN \cdot (1 - \frac{80\% \cdot Evor}{Evor}) = 0{,}2 \cdot IN$$

also werden 20% der Investitionssumme angerechnet.

7.5.7 Schutz der Wälder, die ‚grüne Lungen der Erde'

Die Rodung riesiger Flächen für Soja-Anbau in Brasilien oder die Palmölerzeugung in Borneo zerstört die Lungen der Erde: Pflanzen wandeln CO_2 in Sauerstoff um. Der ökologische Fußabdruck des Menschen verhindert die Möglichkeit der Erde, dass sie sich selbst regeneriert.

Die Einrichtung und der Schutz von Nationalparks ist die Aufgabe des jeweiligen Staates. Die einmaligen und laufenden Kosten zur Einrichtung und Unterhaltung eines Nationalparks sind voll als Anrechnungsbetrag zu berücksichtigen.

7.5.8 Abkürzungen in den Berechnungsmethoden

IN: Investitionssumme in EURO (Währung)

AB: Anrechnungsbetrag für den sich der Staat verpflichtet hat

EKB: Effizienzkürzungsbetrag. Dies ist die Investitionssumme multipliziert mit dem Wirkungsgrad der technischen Maßnahme

W: Wirkungsgrad, das ist die Umweltbelastung neu dividiert durch Umweltbelastung alt

UWB: Umweltbelastung je Energieeinheit, z.B. MWh

E: Energieverbrauch bzw. -einsatz

7.6 Technische Transparenz

Bei einer Konferenz im Frühjahr 2015 in Sevilla wurde mit Vertretern der Industrie, der Regierungen und Umweltorganisationen die künftig zu geltenden Grenzwerte für Kohlekraftwerke diskutiert und festgelegt. Es besteht der Vorwurf, dass diese Grenzwerte vielfach von der Industrielobby bestimmt wurden und ganze Textpassagen der Industrie in die Schlusserklärung kopiert wurden[76]. Teilweise sind Grenzwerte festgelegt, die schwächere Bedingungen stellen als die Grenzwerte, die China für ihre neuen Kohlekraftwerke festgesetzt hat. Als Beispiel ist der teure SCR-Katalysator genannt, der die NO_x-Belastung drastisch reduzieren kann, von der Industrie jedoch abgelehnt wird.

Unser Ansatz ist dagegen stetig mit kontinuierlichen Messungen und flankierend zum obigen System einführbar. Die Koordination und die Veröffentlichungen könnten zentral von der UNO erfolgen und kontrollierbar sein.

Entsprechend dem Vorbild von TTIP sollte eine Vereinheitlichung der technischen Normen etabliert werden. Dabei handelt es sich größtenteils um Messverfahren, die von unabhängigen Instituten und Universitäten erstellt werden könnten.

In den Ausbildungsgängen für naturwissenschaftliche Fächer können Standardversuche von den Studenten durchgeführt werden. Damit wurden Experimente, wie z.B. der Versuch von Millikan, millionenfach durchgeführt.

Bei unserem Konzept muss ein Staat Investitionen unter Beachtung der Effizienz tätigen. Diese Verpflichtung kann durch Gesetze, Verordnungen oder Fördergelder auf die Unternehmungen angemessen übertragen werden. Nimmt der Staat, z.B. bei Kohlekraftwerken, die anderen umweltschädlichen Stoffe (Ruß, Quecksilber etc.) für eine nationale Regelung hinzu, so kann man erahnen, welchen großen Gestaltungsspielraum unser stetig-transparentes Konzept besitzt und technische Fortschritte begünstigt.

7.7 Möglichkeiten nationaler Umsetzung

7.7.1 Energetische Sanierung von Gebäuden und Häusern

In Deutschland ist das Erneuerbare-Energien-Wärmegesetz (EEWärmeG) eine Vorwegnahme der am 23. April 2009 erlassene EU-Richtlinie zu den erneuerbaren Energien.

Bei Neubauten wird die Nutzung von erneuerbaren Energien (EE) vorgeschrieben. Altbauten werden künftig bei Sanierungen nach der EU-Richtlinie ebenfalls sanierungspflichtig. Das Gesetz enthält finanzielle Förderungsmöglichkeiten für die Eigentümer, Regeln für Mieterhöhungen usw. Dabei soll jeweils der Markt entscheiden, welche Sanierung für ein Gebäude der Inhaber als sinnvoll erachtet.

Jedes Gebäude benötigt einen ‚Energiepass'. Für die Berechnung werden unterschiedliche Methoden genannt: Beim Verbrauchsausweis werden die tatsächlichen Ausgaben für die Heizung der letzten Jahre herangezogen und beim Bedarfsausweis wird die Bautechnik mit Art und Dicke der Wände, Größe der Fenster etc. als Grundlage theoretisch bewertet. Der Energieausweis ist lediglich dafür gedacht, einen überschlägigen Vergleich von Gebäuden zu ermöglichen. Auf Grund des Energiepasses können Vorschläge für eine energetische Sanierung aufgenommen werden.

Bei der Wärmedämmung mit styroporähnlichen Platten waren die prozentualen Angaben einer möglichen Energieeinsparung nicht korrekt. Diese Dämmungsart wird durch Werbung gefördert und sehr häufig bei Privathäusern eingesetzt. Bei öffentlichen Gebäuden ist sie wegen der Brandgefahr verboten. In Deutschland wurde der Stoff als schwer entflammbar eingestuft, entgegen der europäischen Klassifizierung, wo es als brennbar eingestuft wird. Weiterhin wird die Dämmfähigkeit von dem Institut FIW in München bei der Produktion der Platten geprüft. Das FIW (Forschungsinstitut für Wärmeschutz in München e.V.) wird auch von Herstellerfirmen finanziert, so dass vermutet wird, dass sich die Branche selbst kontrolliert.

Bei einer Messung von unabhängigen Instituten erfüllten ca. 40% der ausgelieferten Platten nicht die angegebenen Anforderungen. Auch die versprochenen Wärmeeinsparungen sind ein großes Streitthema. Das Fraunhofer Institut für Bautechnik hat in den 80er Jahren zwei wissenschaftliche Untersuchungen gemacht und kam zu dem Ergebnis, dass die in der Praxis gemessenen Werte die theoretisch vorab berechneten Dämmwerte nicht erreichen. Insbesondere an den Gebäudeecken soll es zu Wärmebrücken, gekommen sein. Die Dämmplatten müssen in der Regel nach etwa 20 Jahren erneuert werden. Trotzdem hat sich diese Art der Häuserdämmung in Deutschland politisch durchgesetzt und wird gefördert. Danach sind die Platten Sondermüll[77] [78].

Es fehlt in Deutschland eine wirksame Fehlerkultur bzw. die Nachsorgephilosophie. Unser Ansatz benötigt eine nachträgliche Messung bzgl. der Energieeinsparung oder eine Messung des tatsächlichen Energiebedarfs, und zwar international und standardisiert. Die Transparenz bei der monetären Demokratie wird dafür sorgen, dass die Techniken mit weniger Effizienz seltener benutzt werden.

7.7.2 Das Dilemma heutiger gesetzlicher Vorschriften

Kohlekraftwerke haben einen sehr hohen CO_2-Ausstoß und verschmutzen die Umwelt mit weiteren Partikeln. Nach einer Gesetzesänderung sollten diese Abgase reduziert werden, wogegen Vattenfall für das Hamburger Kraftwerk ein Schiedsgerichtsverfahren gegen die Bundesrepublik einleitete. Man einigte sich darauf, dass die Grenzwerte in Deutschland wieder zurückgenommen werden. Somit ersparte sich Deutschland eine große Entschädigungszahlung und die Luft wird weiter verpestet.

Bei unserem Ansatz gibt es für Deutschland zwei Verpflichtungen: gegenüber dem Kraftwerkseigner und der monetären Selbstverpflichtung als Anrechnungsbetrag.

Mit Hilfe der monetären Demokratie und Klimapolitik wären andere Möglichkeiten einer Einigung wahrscheinlich geworden, insbesondere die, dass in das Hamburger Kraftwerk Filter bzw. Katalysatoren eingebaut werden könnten.

7.7.3 Beispiel bilateraler Zusammenarbeit

Unter Kapitel 7.5.2 wurde ausgeführt, dass der Anrechnungsbetrag einer Modernisierung knapp 100% der Investitionssumme betragen kann. Gibt es im Industrieland Deutschland Firmen, die eine technische Modernisierung durchführen können, kann man sich folgende Situation vorstellen: Werden einem armen Staat wie Rumänien die zulässigen Grenzwerte von Kraftwerken gesenkt, kann eine Situation entstehen, dass die Kraftwerksbetreiber eine Umrüstung nicht finanzieren können. Dagegen möchte z.B. Deutschland seiner monetären Selbstverpflichtung nachkommen und sucht effektive Investitionsmöglichkeiten. Werden aus Deutschland über den Rentenfonds der monetären Demokratie größtenteils die Modernisierungsmaßnahmen finanziert, so entsteht folgende Situation: Deutschland kann mit geringeren Kosten und höherer Effizienz seiner Selbstverpflichtung des Anrechnungsbetrages nachkommen. Der Kraftwerksbetreiber erhält kostengünstig eine Sanierung des Werkes und erfüllt die neuen Grenzwerte. Die deutsche Wirtschaft hat mit der Technik den Export gefördert. Und, last not least, die Umwelt wird weniger belastet. Es entstand also eine allgemeine Win-win-Situation.

7.8 Die Einbindung der UNO

Die Vereinten Nationen (UNO) haben unterschiedliche Unterorganisationen, die sich um weltweite Aufgaben kümmern: die UNICEF den Kinderrechten, die WHO der Weltgesundheit usw.

Es gibt mehrere Entwicklungen, die die Erde derart bedrohen, dass die Existenz der Menschheit in Gefahr gerät: der Klimawandel, die Überbevölkerung, die atomare Aufrüstung, die konventionelle Aufrüstung mit der Folge der lokalen Kriegsführung, die Umweltbelastung.

Gegen die atomare Bedrohung wurde die Internationale Atomenergie-Organisation (IAEO; International Atomic Energy Agency, IAEA) gegründet, die u.a. regelmäßig dem UN-Sicherheitsrat Bericht erstattet. Diese Agentur hat die Möglichkeit, in einem Staat nach dessen Zustimmung die Einhaltung der Regeln zu kontrollieren.

Zurzeit existieren über 500 multilaterale Umweltorganisationen, viele von ihnen mit eigenständigen Sekretariaten und ohne Verknüpfung untereinander. Das Umweltprogramm der Vereinten Nationen (UNEP) hat seinen Sitz in Nairobi, Kenia und soll derartig reformiert werden, dass diese Abkommen unter ein Dach kommen. Das Thema Umwelt soll auf die gleiche Stufe mit Frieden, Sicherheit, Wirtschaft, Gesundheit und Handel gestellt werden (Stand 2015 - Quelle Wikipedia).

Wir fordern eine solche Unterorganisation der UNO. Sie kann einen Marktplatz aufbauen, auf dem das Angebot technischer Lösungen und finanzieller Mittel der Nachfrage gegenübergestellt werden. Eine derartige Plattform, leicht verständlich in verschiedenen Sprachen aufgebaut, erleichtert wesentlich ein Zusammenführen unterschiedlicher Staaten zum gemeinsamen Kampf gegen den Klimawandel.

7.9 Zusammenfassung der monetären Klimapolitik

Das Konzept der monetären Klimapolitik unter Berücksichtigung der Effizienz ist eine pragmatische Ergänzung zu den in Klimakonferenzen vorgegebenen Zielen einzelner Staaten. In Verbindung mit der monetären Demokratie werden nicht nur Finanzmittel generiert, sondern wir verlassen das profitorientierte Denken und kommen in ein generationsübergreifendes, globales und verantwortungsbewusste Handeln.

Das Konzept gibt Antworten auf die Fragen:

- Wie viel Geld investiert ein Staat in die Umweltpolitik?
- Mit welcher Effizienz werden die Mittel investiert?
- Welche Techniken sind langfristig sinnvoll einzusetzen?
- Wie werden Nachfrage und Angebot (monetär und technisch) zusammengeführt?

Mit einer Vereinbarung über die Höhe der monetären Selbstverpflichtung und dem im Konzept verankerten internationalen Controlling sind künftige Umweltabkommen einfacher und transparenter zu erzielen.

8. Verzicht *liebgewordener Selbstverständlichkeiten*

Für was wird der Begriff *liebgewordene Selbstverständlichkeit* genutzt? In der Psychologie spricht man auch von Glaubenssatz. Solche Glaubenssätze sind eine Voraussetzung, damit sich der Mensch in seinem Umfeld bewegen kann und angemessenen Kontakt zu seinen Mitmenschen aufbauen kann. Es entspricht einem Dogma mit folgender Definition[a]: „Unter einem Dogma versteht man eine feststehende Definition oder eine grundlegende, normative Lehraussage, deren Wahrheitsanspruch als unumstößlich festgestellt wird."

Als Beispiel nenne ich die Zeit, wie sie in Kapitel 1 dargelegt ist. Wir Menschen können nicht wahrnehmen, dass die Zeit an anderen Orten anders geht. Erst die Theorie, dann die Verifikation durch experimentelle Messungen führte dazu, dass immer mehr Menschen sich mit dieser fremdartigen Eigenschaft der Zeit anfreundeten bzw. akzeptierten.

Ich nutze hier den Begriff *liebgewordene Selbstverständlichkeit*, da einige Beispiele im Folgenden für viele Menschen überhaupt keine Selbstverständlichkeit mehr darstellen.

8.1 Darwins Evolutionstheorie

Prof. Dr. Joachim Bauer, Hirnforscher und Arzt, Uniklinikum Freiburg, äußert sich hierzu[79]: „...seit Charles Darwin die Tatsache der Evolution erkannt hat, hat ... die Meinung überwogen, dass Egoismus das absolut vorherrschende Prinzip in der Biologie sei. Hier hat sich ... seit ca. 15 Jahren ein entscheidender Wandel vollzogen. Immer mehr Biologen und Biologinnen erkennen, dass kooperative Mechanismen in der Biologie eine zentrale Rolle spielen, ja, dass sie am Anfang des Lebens stehen

[a] Siehe Wikipedia

und dass wir ohne Kooperation überhaupt keine Entwicklung in der Evolution hätten."

Das Prinzip des Egoismus, dass der Stärkere einfach gewinnt, scheint eine persönliche Erfahrung in jedem individuellen Leben darzustellen. Prof. Dr. Karl-Heinz Brodbeck, Philosoph, Ökonom und Wirtschaftsethiker, sagt sinngemäß[80]: „Die Ausbildung von Egoisten hat sich, man kann sagen die letzten 200 Jahre, als Einfluss der Wirtschaft, des Wettbewerbs und der Konkurrenz ergeben."

Kommen die Menschen zu einer Gruppe zusammen, wie es vor etwa 10.000 Jahren mit dem Ackerbau und dem Leben in Städten geschah. Zitat: „Unter diesen komplizierten Umständen, als Menschen unterschiedlicher ethnischer und sprachlicher Herkunft am selben Platz lebten, gestaltete sich die Zusammenarbeit schwieriger, da unsere Neigung dazu ursprünglich noch in die In-Group beschränkt war. Typischerweise vertrauen Menschen Out-Group-Mitgliedern nicht in demselben Ausmaß. Heutzutage finden Konflikte, Kriege und dergleichen zwischen zerstrittenen Ethnien statt, die ihre Konfliktursachen weit in der Vergangenheit suchen[81]."

Ein altes politisches Mittel für inneren Frieden besagt, dass man einen äußeren Feind sucht, um im Inneren Frieden zu haben. Hierzu die Aussage[82]: „Spaßeshalber habe ich oft behauptet, dass eine Invasion der Marsmenschen unsere Welt zusammenbringen würde. Würden die Marsmenschen gegenüber uns aufmarschieren, dann würden wir an einem Strang ziehen."

Der aus Darwins Evolutionstheorie hergeleitete Satz ‚Der Stärkere gewinnt' ist also falsch.

Ich verdeutliche das beispielhaft an Europa. Italien und Deutschland waren in einzelne Grafschaften und Königreiche zersplittert. Garibaldi in Italien, Bismarck mit dem Krieg von 1870/71 vereinigten die Gebiete. Nach dem zweiten Weltkrieg wurde von Charles de Gaulle und Konrad Adenauer die ‚Erbfeindschaft' zwischen Frankreich und Deutschland beendet. Mit der Montanunion begann die europäische Wirtschaftsgemeinschaft. Mit dem ERASMUS-Programm und offenen Grenzen haben wir heute eine einzigartige Freizügigkeit in Europa.

Das politische ‚Blockdenken', die Expansion des ‚Chinesischen Modells' und die auseinander strebende Europäische Union zeugen jedoch heute davon, dass die Idee von Freiheit und Wohlstand in den westlichen Demokratien in Gefahr ist. Die Aussage von Präsident Macron in seiner Rede zum 100-jährigen Ende des 1. Weltkrieges, dass man gegen seine eigenen Werte handelt, wenn man den Nationalstaat über die Kooperation stellt, hat zu keiner Bewusstseinsänderung bei den verantwortlichen Politikern geführt.

Der (von Menschen mitverursachte) Klimawandel könnte wie eine ‚Invasion von Marsmenschen auf der Erde' ein Umbesinnen herbeiführen. Die monetäre Demokratie ist eine Systemergänzung, um Europa zusammenzuhalten und der Welt eine generationsübergreifende kooperative Ethik zum Handeln anzubieten.

8.2 Die Souveränität der Staaten ist unangreifbar

In der Charta der Vereinten Nationen ist der Grundsatz der Gleichberechtigung und Selbstbestimmung der Völker verankert[a]: Alle Völker haben das Recht, „frei und ohne Einmischung von außen ihren politischen Status zu bestimmen und ihre wirtschaftliche, soziale und kulturelle Entwicklung zu verfolgen …". Dieses Grundrecht der Völker wurde und wird regelmäßig verletzt. Zum Beispiel der Angriffskrieg 1939 unter Hitler. In den 50er Jahren wurde Mohammad Mossadegh mit Hilfe der CIA in der Operation Ajax gestürzt, die heute als Vorbild in die Eingriffe anderer Staaten mittels Geheimdienste dient. Der Begriff ‚Bananenrepublik' zeugt von den Monokulturen, wie Großkonzerne ein Land beherrschen und ausbeuten. In den 1980 Jahren versuchte der amerikanische Präsident Ronald Reagan den Sturz der Sandinisten in der Bananenrepublik Nicaragua. Die USA wurden vom Internationalen Gerichtshof in

[a] 48. Tagung 85 Plenarsitzung vom 20.12.1993

Den Haag nach einer Klage zu 2,4 Mrd. USD verurteilt, die bis heute nicht bezahlt worden sind. Seit Jahren besteht der Konflikt zwischen Russland und der Ukraine. Der chinesische Expansionsdrang erfolgt nicht nur durch Investitionen. In Australien wurden Politiker bestochen, die ihre parlamentarische Arbeit nach der Enthüllung aufgeben mussten.

Ein weiterer wichtiger Einfluss stellt die Entwicklungspolitik dar, die häufig mit lokaler Korruption verbunden ist, wie in Deutschland beklagt wird. Die globalisierte Wirtschaft greift prägend in die inneren Angelegenheiten anderer Staaten ein.

Bei der monetären Demokratie kann ein Projekt in einem beliebigen Land finanziert und realisiert werden. Die Projektverantwortlichen sind vor Ort und namentlich bekannt. Die lokale Regierung hat weiterhin die Möglichkeit, ein Projekt zu verhindern, benötigt jedoch keine finanziellen Mittel, um es zu realisieren.

8.3 Homo Oeconomicus

Die von Adam Smith im 19. Jahrhundert erstellte These in seiner Wirtschaftstheorie, der Mensch handle ökonomisch zu seinem Vorteil, hat sich in den 1980er Jahren als falsch herausgestellt. Der Mensch handelt nach Gefühl, braucht Verlässlichkeit und bestraft unverlässliche Personen und Regeln. Er handelt im Wechsel zwischen egoistischen und altruistischen Motiven. Als oberstes Prinzip, so kann es formuliert werden, steht die Reputation, also als ‚Good boy‘ dazustehen[83].

Die Weiterentwicklung der Wirtschaftswissenschaften hat auf diese Erkenntnis aufgebaut. Trotzdem bleibt bei den Wirtschaftswissenschaften die primäre Aufgabe, wie die Wirtschaft agieren muss, um befriedigende Ergebnisse und Wachstum zu generieren. Der Mensch wird zum Objekt für die Wirtschaft anstatt, human zu sehen, dass die Wirtschaft dem Menschen dient.

Die monetäre Demokratie geht genau den umgekehrten Weg: Das Volk oder die Volksgruppen bestimmen, ohne Gewinnmaximierung, was die Wirtschaft für die Allgemeinheit zu realisieren hat.

8.4 Triple-Down-Effekt

Der Triple-Down-Effekt besagt, dass der Konsum von reichen Menschen durch Arbeitsbeschaffung und Steuerzahlungen auch der Allgemeinheit zum Wohle gereicht. Dieses Postulat hat sich als falsch erwiesen. Prof. Dr. Karl-Heinz Brodbeck, Philosoph, Ökonom und Wirtschaftsethiker, sagt hierzu[84]:"... diese Vorstellung, dass von oben nach unten der Reichtum langsam durchtröpfelt, ... diese Vorstellung und Hoffnung, die die Ökonomen noch vor 30 Jahren verkündet haben, hat sich als eine vollkommene Illusion erwiesen. Es ist nicht so passiert, es ist genau das Gegenteil passiert. Der Reichtum wandert von unten nach oben und häuft sich oben an."

Häufig wird dagegen gesprochen, dass die Mehrverdiener nicht nur absolut, sondern auch prozentual höhere Steuern und Sozialabgaben leisten und damit den Schwächeren stützen. Leider ist es in Deutschland so, dass die Mittelschicht eine um ca. 1% höhere Steuerlast insgesamt zu tragen hat als die Reichen[85].

Es ist offensichtlich, dass die sich immer weiter öffnende Schere zwischen Arm und Reich eine Gesellschaft belastet und gefährdet. Die monetäre Demokratie kann den zurzeit herrschenden Finanzkapitalismus nur marginal beeinflussen. Hat sie jedoch auf Dauer gesehen Erfolg, dann kann ein Sinneswandel im Umgang mit erspartem Geld stattfinden, der den Finanzkapitalismus in seinen Auswirkungen beschränken könnte. Durch steigende Investitionen in nachhaltig produzierende Firmen kann die reale Wirtschaft wieder für den Menschen da sein und nicht umgekehrt.

8.5 Der Klimawandel ist nicht von Menschen beeinflusst

Wenn Sie ihr Auto in der Sonne abstellen und nach einer Stunde zurückkommen, ist der Innenraum unerträglich heiß. Wie ist das möglich? Nun, die Sonnenstrahlen erwärmen die Sitze und Armarturen, die die Innenluft erhitzen. Da die Fenster geschlossen sind, kann die erwärmte Luft nicht entweichen. Auch im Winter können Sie beobachten, dass zuerst das Eis auf den Scheiben schmilzt, während die Motorhaube weiter eisbedeckt bleibt - trotz gleicher Sonneneinstrahlung.

Nun kann man sich die Erde wie den Innenraum eines Autos vorstellen. Die Luft wird durch die Erdanziehung nicht in das Weltall verschwinden können. Nun sagen Sie, dass die Wärmestrahlung ins All die Abkühlung der Erde bringt, wie seit Jahrtausenden von Jahren. Und die Erde hat viele verschiedene Klimaperioden gehabt, Eiszeiten und Wärmezeiten. Die Sonnenaktivität ist zurzeit eben stärker, deshalb wird es immer wärmer.

Wärme haben Sie in ihrem Haus und, um Geld zu sparen, dämmen Sie ihr Haus. Das geht zum Beispiel mit dicken Wänden oder Wärmedämmplatten an der Hauswand. Diese Dämmung verhindert, dass die Wärme weniger entweichen kann. Und ein sehr guter Isolator ist die Luft, wie Sie bei den Isolierglasscheiben ihrer Fenster sehen. Und bestimmte Gase, wie Methan und Kohlendioxid, lassen die Wärmestrahlung erst gar nicht durch. Sie reflektieren die Wärmestrahlung wie ein Spiegel das Licht.

Und genau das geschieht mit der Erde. Wir Menschen bauen langsam und stetig mit dem Ausstoß von Methan und Kohlendioxid in der Atmosphäre einen Spiegel für die Wärmestrahlung auf. Die Luft wird immer wärmer, und dies nennt man den Treibhauseffekt.

In Deutschland bestreiten 16% der Bevölkerung, dass es den (zumindest von Menschen mitbeeinflussten) Klimawandel gibt (siehe Kapitel 7.1) und wir ihn verhindern könnten.

Diese *liebgewordene Selbstverständlichkeit* der Klimaleugner kann unterschiedliche Ursachen haben. Eine davon ist, verglichen mit der absoluten Zeit, darin zu sehen, dass der Klimawandel bei vielen nicht wahrgenommen wird, da er nur langsam und stetig stattfindet. Auch sei die Erde so groß, dass das Wenige, was wir Menschen in die Atmosphäre bringen, gar nichts ausmacht. Und wenn es zwei Grad wärmer wird, was macht das schon aus? Die 1968 gegründete Organisation ‚Club of Rome' veröffentlichte 1972 mit dem Buch ‚Grenzen des Wachstums' die ersten Auswirkungen menschlichen Handelns. So langsam trat der Klimawandel in das Bewusstsein der Menschen.

Lokale Belastungen durch Autoabgase, wie NO_X in deutschen Städten für Fahrverbote älterer Diesel sorgt, gab es bereits in den 1940-Jahren in Los Angeles[86]. Die Ölindustrie gründete das ‚Smoke and Fumer Committee', wobei der Vorsitzende Vance N. Jenkins formulierte: „Das Schlimmste, was uns passieren kann, ist, dass hastig ein Gesetz verabschiedet wird, um die Luftverschmutzung zu kontrollieren." Dann kamen die Ergebnisse von Studien, die die Ölindustrie in Auftrag gab. Der Brannon-Report (1957) und Robinson-Report (1968) führten den Anstieg klimaschädigender Gase in der Atmosphäre auf den Autoverkehr zurück: „Wenn CO2-Werte weiter ansteigen, dann kommt es zu deutlichen Temperaturanstiegen." Es wurden von der Ölindustrie nur die Teile veröffentlicht, die Zweifel an der Erderwärmung begründeten, und sie entwickelte eine geschickte PR-Strategie. Sebastian Schwark, Berater für politische Kommunikation, beschreibt dies so: „Man verknüpft Pseudo- Wissenschaft mit PR-Arbeit und bildet ‚Narrative'[a], die alle ihren Wahrheitsanspruch haben." Die Folge ist nun, dass der ‚normale Mensch' die Erzählung als wahr herauspickt, die mit seinen *liebgewordenen Selbstverständlichkeiten* übereinstimmt. Er muss sich im Leben ja zurecht finden.

In der Dokumentation ‚Abgefackelt'[87] aus dem Jahr 2011 wird die Umweltbelastung beschrieben, die durch das bei Erdölförderung abgefackelte Gas erzeugt wird. Sie kennen bestimmt die Bilder von Erdölfeldern mit den brennenden Abfackelungen des Erdgases. Der Ausstoß der verbrannten fossilen Brennstoffe in Europa entwickelt so viele Abgase wie die Abfackelung bei der Erdölförderung in Nigeria. Die Weltbank wird

---

[a] Wikipedia: Narrative sind sinnstiftende Erzählungen, die Einfluss haben auf die Art, wie die Umwelt wahrgenommen wird

in der Dokumentation derart zitiert, dass „am Ende der Gewinn der Ölkonzerne vom Öl und nicht vom abgefackelten Gas kommt. Wir können nicht erwarten, dass die Konzerne und Märkte freiwillig auf ihre hohen Gewinne verzichten, finanzielle Einbußen in Kauf nehmen, nur weil es gut für die Umwelt ist“. Also, wenn der IWF so etwas vor acht Jahren gesagt hat und der amerikanische Präsident so heute seine Politik gestaltet, dann muss das einfach wahr sein!

Und nun schauen Sie auf die Kamine der Häuser im Winter, wenn die Heizungen brennen, oder auf die Staus auf den Autobahnen im Feierabendverkehr oder zu Ferienbeginn: der Spiegel für die Wärmestrahlung in der Atmosphäre wird langsam und unwiederbringlich durch uns Menschen aufgebaut.

Wenn Sie Skifahrer sind, so ist Ihnen die unterschiedliche Beschaffenheit des Schnees bei null Grad und plus 2 Grad wohl bekannt. Der Permafrost in Sibirien speichert ungeheure Mengen an Kohlendioxid. Bei Plusgraden taut er auf und das Gas entweicht – ein ‚Dominoeffekt‘. Und das nur, weil Wasser zufälligerweise erst bei Temperaturen unter null Grad gefriert.

Aber zwei Grad Erwärmung, das macht doch nicht viel aus, wird jetzt noch als Gegenargument gebracht. Nun, der Meeresspiegel steigt, dann muss man den Menschen in den betroffenen Gebieten eben helfen. Und die neuen Agrarpflanzen, die das wärmere Klima vertragen, die können wir schon züchten oder mit Genmanipulation so weit verändern, dass wir nicht verhungern werden. Sind Sie so sicher, dass wir das können?

Und nun zum Wetter. Es gab schon immer lokale Starkregen und Hitze- oder Kälteperioden. Das ist doch normal. Schauen wir uns mal die Energie an, die benötigt wird, um die Erdatmosphäre um zwei Grad zu erhöhen. Wie beim Aufheizen des Innenraumes eines Autos kommt die Energie von der Sonne. Wie lange müsste dagegen eine Kerze im Auto brennen, wenn es in der Nacht draußen kühl ist und Sie wollen es im Auto warm haben? Die Frage haben wir auf die Erdatmosphäre übertragen. Der Kollege Dr. Weber und ich erstellten mit zwei unterschiedlichen Methoden (Wärmekapazität der Luft, allg. Gasgleichung) Überschlagsrechnungen und kamen auf dasselbe Ergebnis: Um die Erdatmosphäre um zwei Grad zu erwärmen, müsste die Menschheit in jeder Sekunde über zwei Jahre lang eine Atombombe der Stärke von Hiroshima zünden. Diese Energiemenge steckt in der erwärmten Atmosphäre! Und diese Energiemenge beeinflusst das tägliche Wettergeschehen, denn die wird einfach freigesetzt durch Starkregen mit den Folgen von Überschwemmungen oder durch Hitzeperioden. Das Wort des Jahres 2018: Heißzeiten.

Sind Sie vom Klimawandel jetzt überzeugt? Nein? Auch gut! Ich weiß, dass solche Glaubenssätze tief in einem Menschen drin sitzen und nur durch eigene Arbeit mit sich selbst veränderbar sind. Dies ist ein langwieriger Prozess.

Und zum anderen: warum muss ich dafür mit dem teuren Strom und den Ökosteuern auf Benzin und Diesel zahlen? Die Windkraftbetreiber und die Dächer mit Solaranlagen - alles muss ich kleiner Mann bezahlen. Alles wird teurer und am Ende des Monats habe ich kein Geld mehr. Und ich arbeite im Kohlerevier, verliere meinen Arbeitsplatz, meine Existenz. So geht das nicht!

Richtig! Die Mehrheit der Politiker ist vom Klimawandel überzeugt und folgt den Aussagen der Wissenschaftler, dass wir ihm wirkungsvoll begegnen können. Deshalb will man ihn sozialverträglich gestalten. In unserem wirtschaftlich und politisch bestehenden System geht das nur mit Abgaben, Subventionen und Gesetzen. In Frankreich war dies der Anlass zu den Protesten der ‚Gelbwesten‘.

Eine weitere und bessere Möglichkeit bietet die hier vorgestellte monetäre Demokratie. Sie unterstützt auch Maßnahmen der Infrastruktur, die bei Strukturänderungen in Regionen des Kohleabbaus notwendig sind. Sie, als Skeptiker des von Menschen beeinflussten Klimawandels, können selbst mit ihrer Stimme dafür eintreten.

Und selbstverständlich müssen internationale Organisationen wie der IWF akzeptieren, dass der Klimawandel eine Realität darstellt und ihre Politik dementsprechend aufbauen. Eine Aussage, wie in der Dokumentation ‚Abgefackelt' oben zitiert wurde, stellt eine Geringschätzung Andersdenkender dar, die als Beleidigung aufgefasst werden kann.

8.6 Geld ist als Alterssicherung notwendig

Bei der Finanzkrise 2008 kam es zu vielen Insolvenzen US-amerikanischer Banken. Systemrelevante Banken wurden mit Milliardenbeträge aus Steuergeldern gestützt. Wertpapiere für die Altersvorsorge verloren ihren Wert. Es war der Glaube, dass Finanzanlagen mit hohen Gewinnerwartungen eine sichere Altersvorsorge garantieren. Bereits beim großen Börsencrash an der Wall Street in den 1920er Jahren rutschte das ganze Land in Armut und riss große Teile der Weltwirtschaft mit sich.

Mit Worten von Prof. Dr. Heinrich Bauer[88] formuliere ich den dahinterstehenden Glaubenssatz: „Wenn man (glaubt), dass Geld eine notwendige Eintrittskarte für Marktteilnahme ist, dann ergeben sich zwei grundlegende menschliche Haltungen. Das eine ist die Hoffnung, möglichst rasch und leicht an Geld zu kommen -... und die ständige Furcht herauszufallen, weil ich keine Eintrittskarte habe."

Dieser Glaubenssatz ist bei geldbasierten Gesellschaften richtig. Er führt jedoch zu Exzessen und dem Glauben, dass mit hohen Renditen für das Ersparte der eigene Ruhestand gesichert ist. Die häufige Empfehlung oder sogar Verpflichtung, wie in Schweden, in Fonds zu investieren, nützt nichts bei einer Baisse. Und die hohen Renditen müssen versprochen werden, um die Angst vor einer Inflation zu nehmen, die den Wert des Geldes auffrisst.

Die monetäre Demokratie zieht hier Grenzen. Die Anlagen sind inflationsgeschützt. Gerade im Alter ist es wichtig, eine Umwelt zu haben, in der man mit beschränkten altersbedingten Kräften am Marktgeschehen teilhaben kann. Überlässt man die Gestaltung der Umwelt Investoren und profitorientierten Firmen, spart man in profitorientierten Aktienfonds oder Lebensversicherungen, so zerstört man selbst die Basis für sein eigenes Leben.

Mit dieser Einsicht und der Verlässlichkeit der monetären Demokratie rückt dieses Dogma in den Hintergrund und hat weniger negative generationsübergreifende Auswirkungen.

8.7 Die Politiker sind verantwortlich

Nach meiner Überzeugung gab es seit der Gruppenbildung der Menschen vor tausenden von Jahren immer Persönlichkeiten, die die Gruppe anführten. Bei den Indianern wurden sie Häuptlinge genannt, in Europa Könige oder Kaiser. Der Mensch gab die Verantwortung über die Führung der Gruppe an einen oder an Ausgewählte ab. In China ist es die Partei unter einem Führer. Der ‚Untertan' folgt den Anweisungen, sei es aus Überzeugung, sei es wegen der Thematik, sei es für den eigenen Vorteil, sei es aus Achtung und Respekt vor der Führung oder sei es aus Angst vor Repressalien bei einem Tyrann. Typisch empfinde ich hierfür den Spruch aus der NS-Zeit: ‚Wenn das der Hitler wüsste!'

Bei der repräsentativen Demokratie wurde dieses Verhalten und diese Erwartungen der Bürger auf die gewählten Vertreter übertragen. Trotz guten Willens sind die Entscheidungen an die Restriktionen der vorhandenen politischen Struktur gebunden. Diese beschränkte Handlungsmöglichkeit ist in Demokratien auch gewollt und notwendig. Wie bei Kapitel 4.3 nachzulesen ist, sind Politiker in einer Demokratie selten in der Lage, die Erwartungen der Bürger angemessen zu erfüllen.

Mit der Einführung der monetären Demokratie werden Politiker nicht nur entlastet, sondern auch entmachtet, da viele Entscheidungen und die finanziellen Mittel dem Volk zugestanden werden. Durch weitere Entwicklungen der Demokratie wie die Bürgerversammlung in Irland (siehe Kapitel 4.8) könnte ein neues Selbstverständnis der Bürger entstehen – mit weniger Erwartungen und Schuldzuweisungen an die Politiker.

8.8 Wie ich lebe ist ‚normal'

Stellen wir uns die Frage: Was ist ‚normal'?

Ich zitiere Prof. Dr. Christoph Wulf, Erziehungswissenschaftler und Anthropologe, Freie Universität Berlin[89]: „Soziale Normen und Werte prägen uns von klein auf. So verinnerlichen wir schon früh genau, wie wir uns zu verhalten haben .... Nicht jeder ist uns persönlich bekannt. Wir müssen uns darauf verlassen können, dass alle Gesellschaftsmitglieder den gleichen sozialen Werten und Normen folgen werden, um ein reibungsloses Miteinander zu ermöglichen. Konformität ist das Kernmerkmal einer kulturellen Gruppe."

Normal ist also, wie sich andere in meiner Gruppe auch verhalten. Das individuelle Verhalten wird also bestimmt durch die Gruppe, der wir angehören. Arbeiter verhalten sich anders als Manager, Banker anders als Hooligans. Und selbstverständlich ist mehr Vertrauen und Verlässlichkeit bei Personen der ‚Ingroup' als bei Personen der ‚Outgroup' vorhanden.

Betrachten wir die unterschiedlichsten Kulturen und Sprachen auf der Welt, so darf jeder mit Fug und Recht behaupten, dass er ‚normal' lebt. Für eine Entwicklung, die den Klimawandel aufhalten könnte, müssen alle Menschen mit diesem Ziel ‚normal' handeln dürfen.

Betrachten wir zusätzlich die Entwicklung der demokratischen Strukturen, so zitiere ich Prof. Dr. Rainer Mausfeld[90] über die Thesen von Walter Lippmann und John Dewey: „..., dass beide sich überhaupt nicht hätten verstehen können ...., weil sie von geradezu diametral entgegengesetzten Menschenbilder starteten und weil sie geradezu diametral entgegengesetzte politische Ziele verfolgten." Lippmann ging es um die Frage, wie lässt sich Macht in einer modernen Industriegesellschaft effizient organisieren? Dewey ging es ganz in der Tradition der Aufklärung, "... wie lässt sich Macht wirksam einhegen". Verkürzt formuliert hat sich die Position von Lippmann in Amerika mit der Entwicklung des Neoliberalismus durchgesetzt.

Dewey schreibt laut Zitat: „Solange bei der Unterrichtung der Öffentlichkeit Geheimhaltung, Parteilichkeit, Vorurteil, Falschdarstellung, Propaganda und schiere Ignoranz überwiegen, gibt es keine Möglichkeit, die politische Intelligenz der Massen zu beurteilen.“ In derselben Quelle wird auf Studien von den Psychologen Philip Tetlock hingewiesen, der Vorhersagen von Experten über komplexe Entscheidungen gesellschaftlicher Fragen mit denen der normalen Bevölkerung untersuchte. Zitat: „Experten sind, welche Überraschung, nur Menschen. Sie zeigen dieselben kognitiven Fehler wie normale Bürger. Es gibt aber eine Besonderheit, die ihm auffällt. Experten weisen bei falschen Vorhersagen, ausgefeiltere Rechtfertigungen auf, dass sie eigentlich im Grunde irgendwie doch ziemlich richtig gelegen hätten.“

Wenn wir die kulturellen Unterschiede auf der Welt in verschiedenen Regionen betrachten, so gibt es historisch bedingt viele weitere Ansichten über das Menschenbild. Diese Ansichten bestimmen die politischen Strukturen. Aufgrund der Konformität als Hauptmerkmal einer kulturellen Gruppe handelt jedes Individuum ‚normal‘. Da die Verlässlichkeit und das Vertrauen zu den ‚Ingroup‘-Personen höher sind, ist als Voraussetzung für den Kampf gegen den Klimawandel eine neue ‚Normalität‘ des Handelns notwendig.

Mit der monetären Demokratie wird durch die internationale Finanzierung konkreter Projekte ein System erschaffen, bei dem jeder Teilnehmer und Teilnehmerin jeden Mitmenschen als einen ‚Ingroup-Menschen‘ ansehen kann. Es ist erstmalig ein System vorhanden, mit dem jeder Mensch konkret handeln kann. Somit werden die neueren Erkenntnisse über die menschliche Evolution, entgegen Darwin’s Evolutionstheorie, umsetzbar. Die Nutzung dieses Systems wird dann als ein ‚normales Handeln‘ angesehen, wenn es in der Gesellschaft von ‚Kind an‘ genutzt werden kann, wie es in Kapitel 4.14 vorgeschlagen wird.

8.9 Der freie Markt regelt alles

Ich zitiere Christian Felber, freier Publizist, Wien[91]: „Der Vater der modernen Ökonomie, der schottische Nationalökonom Adam Smith, ging im 18. Jahrhundert davon aus, dass eine unsichtbare Hand dafür sorgt, dass Egoismen gezähmt werden. Der Markt reguliere sich von selbst und Eigennutz und Gewinnstreben würden letztendlich zum Wohlstand der Nationen führen. Wenn jeder für sich selber sorgt, so sagt Adam Smith, dann ist sozusagen für alle gesorgt ... das war die revolutionäre Entdeckung. Und eine Moral brauchen wir nicht, weil der Wettbewerb dafür sorgt, dass die Egoisten sich wechselseitig eine Schranke bilden."

Die Geschichte hat anders entschieden. Der Manchester Kapitalismus brachte Karl Marx dazu, sein epochales Werk ‚Der Kapitalismus' zu schreiben, das zu einer Weltrevolution in Russland und dem Ostblock führte. Die Wirtschaftskrise in den 1920er Jahre veranlasste den US-Präsidenten Roosevelt, den New Deal einzuführen. Auch die Finanzkrise 2008 hat gezeigt, dass der freie Markt sich selbst nicht ordnen kann. Dass ausgerechnet Larry Fink, der Gründer von der Vermögensverwaltungsgesellschaft BlackRock, der Hauptautor des Krisenrettungsplanes für die Banken nach der amerikanischen Finanzkrise im Jahr 2008 ist, beweist, dass Profiteure des freien Marktes auch nach Regularien rufen[92]. Heute sind mehrere Regulierungsgegner direkt am Kabinettstisch von Donald Trump, etwa Jay Clayton (Stand 2018), der Chef der Börsenaufsicht, der unter anderem Goldman Sachs beraten hatte.

Wie stark dieses Dogma bei Verantwortlichen verwurzelt ist, zeigt das Zitat von Ronald Reagan 1988, Expräsident der USA, als erstmals die Folgen des Klimawandels bekannt wurden[93]: „Unser Weg zum Wohlstand liegt nicht in Bürokratie oder der Verteilung von Gütern, sondern in weniger Staat und mehr Freiheit für den Unternehmer."

Es ist für mich schwierig zu beurteilen, ob dieses Dogma ein Glaubensgrundsatz im eigentlichen Sinne ist oder nur aus eigenem Interesse mit Lobbyisten in der Politik durchgesetzt wird. In Deutschland hat die Regierung der Sozialdemokraten und Grünen eine Liberalisierung im Kapitalmarkt für Hedgefonds ermöglicht. Dies wohl eher, um die Bedeutung des Finanzplatzes der Frankfurter Börse zu stärken.

Welche kuriosen Ergebnisse der freie Markt annehmen kann, wird in Kapitel 5.4 am Beispiel des Internetausbaus in Deutschland dargestellt.

Die monetäre Demokratie schränkt den freien Markt nicht ein. Sie stellt ein System zur Finanzierung generationsübergreifender Projekte dar. Diese Investitionen sind Aufgaben der öffentlichen Hand und können mit den Prinzipien des freien Marktes nicht realisiert werden.

8.10 Der Staat braucht Großinvestoren

Wenn man die Subventionspolitik für Privatinvestitionen betrachtet, so sind sie an Industrie und an KMU[a] gerichtet. Subventionen sind unter anderem dazu da, um politische, gesamtwirtschaftliche Ziele zu erreichen. Im November 2018 wurde bekannt[b], dass die deutsche Regierung an die Großindustrie 1 Mrd. € für 2 Werke freigibt, die Batterien nach den neuesten technischen Kenntnissen produzieren soll.

Trotzdem gibt es Privatinitiativen ohne Subventionen, die mit viel Engagement ein ganzes Dorf mitreißen können. Als Beispiel sei die Stadt Schönau im Schwarzwald genannt, die heute aus unterschiedlichsten regenerativen Energien ihre Stadt praktisch autark gemacht haben und Vorreiter und Vorbild vieler Kommunen sind. Die Initiatoren waren ein Ehepaar, die dies durch Überzeugungskraft und viel Fleiß erreicht haben.

Zur Finanzierung neuer Ideen von Startup-Unternehmungen haben sich Messen entwickelt, bei denen an Privatpersonen Risikokapital gezielt vergeben werden kann. Es wurden z.B. Drohnen für den Medikamententransport entwickelt, deren Freigabe für Deutschland zurzeit geprüft wird. Es gibt Firmen, die autonome Flugtaxis entwickeln usw. All diesen Startup-Unternehmen bleibt gemeinsam, dass sie sich im Markt behaupten müssen. Sie müssen Kunden werben, um Ihre Produkte verkaufen zu können.

Die *liebgewordene Selbstverständlichkeit,* nach Großinvestoren zu rufen, muss verifiziert werden. Nicht alle Produkte von Startups können sich im

[a] Kleine und mittlere Unternehmen

[b] Quelle ARD Nachrichten

Markt festsetzen, wenn sie eine Kundschaft bedienen, die in finanziellen Nöten ist. Ich spreche hier von den Gemeinden und Städten. In Kapitel 5.13 - Exemplarische Beispiele - werden hierzu künftige, heute vielleicht noch unvorstellbare Projekte skizziert.

Auch NGOs[a] haben sich finanziell etabliert, erhalten jedoch nach den bestehenden Kriterien keine Subventionen. Die *liebgewordene Selbstverständlichkeit*, dass NGOs Feinde des Kapitalismus und der Regierung sind, muss fallen gelassen werden. Ihr Ziel ist eine bessere Welt und dies entspricht der Zielsetzung der monetären Demokratie. Ihre internationalen Verflechtungen bieten Möglichkeiten, Klima- und Umweltprojekte weltweit zu fördern, was zu nutzen ist.

Auch das Dogma, dass Kapital von den ‚Reichen' kommen muss, um Infrastrukturen zu erstellen und zu unterhalten, muss fallen gelassen werden. Das Volk hat mit Steuern und Erspartem mehr als genug Mittel, um diese selbst zu finanzieren, und weiß selbst, was wichtig ist - es braucht hierfür die monetäre Demokratie.

8.11 Die politische Mitte ist demokratisch

Ich beziehe mich auf die Ausführungen von Prof. Dr. Rainer Mausfeld zum Thema Elitendemokratie und Meinungsmanagement[94].

„Der Siegeszug des Neoliberalismus führte ... zu einer Transformation der traditionellen Volksparteien, die in dem Maße ihre gesellschaftliche Verankerung verloren, wie sie sich in den Siegeszug der neoliberalen Revolution stellten. ... Die klassischen Volksparteien haben ... zum Selbsterhalt sich zunehmend in die staatliche Machtapparate integriert ..., so dass sie im Kern weitgehend austauschbar geworden sind."

Der Parteienforscher Peter Mair prägte für den neu entstanden Typus von Großparteien den Ausdruck Kartellpartei: „Diese Kartellparteien deklarierten sich nun zur Mitte und zwar zu einer alternativlosen Mitte ...

[a] Nichtregierungsorganisation

und zugleich erklärten sie, dass die traditionelle Links- / Rechtsunterscheidung obsolet geworden sei.“

Das Denken des Neoliberalismus hat sich als Dogma in den Köpfen festgesetzt, wie das Zitat von Herrn Gerhard Schröder als Bundeskanzler zeigt: „Es gibt keine linke oder rechte Wirtschaftspolitik, sondern nur eine gute oder schlechte Wirtschaftspolitik.“ Und Herr Prof. Mausfeld fügt hinzu, dass das Motto ‚Links und Rechts hat sich überholt‘ das Motto des italienischen Faschismus war. Und weiter: ... „die politische Mitte war eine extremistische Position in ihrer Demokratieverachtung, ..., insbesondere in der Entmachtung der Legislative durch die Exekutive.“

In meiner Ansicht zur Demokratie (siehe Kapitel 4.1) kommt ein weiteres Phänomen zum Tragen, das ich am Beispiel der Partei der Grünen erläutere. Die grüne Bewegung entstand durch den zivilen Ungehorsam gegen den Bau von Atomkraftwerken. Die Demonstrationen verliefen häufig gewaltlos und ihre Macht bestand darin, dass Sitzblockaden ein effektives Mittel zur Veränderung der politischen Meinung bewirken kann. Es gab auch Exzesse mit Gewalt, wobei der spätere Außenminister Joschka Fischer auf einem Foto als Steinewerfer identifiziert sein soll. Die Gründung der grünen Partei fußt dann auf der Erkenntnis, dass nur innerhalb der staatlichen Strukturen ein politischer Wandel erfolgen kann. Der zivile Ungehorsam kann also einzelne Gesetze rückgängig machen, wie das Beispiel der Ökosteuer in Frankreich durch die Gelbwesten zeigt (Stand Anfang Dezember 2018). Ansonsten bleibt die politische Struktur eines Staates träge und nicht verrückbar. Ein Diskurs über die Fortentwicklung demokratischer Strukturen findet nur in Ausnahmefällen statt, wie die Bürgerversammlung in Irland oder die Bürgerbeteiligung in Filderstadt zeigt. Die Machtstrukturen bleiben jedoch erhalten.

Herr Prof. Mausfeld führt weiter aus: „... diese Ideologie der Alternativlosigkeit impliziert natürlich, dass der öffentliche Debattenraum auf das beschränkt wird, was die Mitte als Mitte deklariert. Durch den Wegfall der Kategorien Links und Rechts (genauer der Begriff Links) wird der öffentliche Debattenraum als Voraussetzung einer Demokratie auf die Themen der Mitte konzentriert. Die Menge der Lösungen für gesellschaftliche

Probleme wird jetzt eingeschränkt auf das, was vernünftig ist, und alles was außerhalb des öffentlichen Debattenraumes ist, wird jetzt als unvernünftig, irrational, extremistisch und heute gerne als populistisch bezeichnet."

Durch die Entwicklung wurde empirisch nachgewiesen, wie Herr Prof. Mausfeld darlegte, dass die ‚alternativlose Mitte' selbst die Demokratie ins Wanken bringt. Das feine Gebilde der Demokratie zeigt eine Schwachstelle.

Die vorhandenen Strukturen eines politischen Systems, das die Machtverhältnisse innerhalb des Gemeinwesens bestimmt, sind in sich kaum reformfähig. Eine Hinwendung zum Nationalismus mit der Einschränkung demokratischer Strukturen ist möglich, wie es in Polen, der Türkei und in Ungarn mit Populismus und privilegierten, finanzstarken Gruppen vorgeführt wird. Eine bestehende Demokratie demokratischer zu gestalten, hierzu sind Volksparteien im System zu stark eingebunden – und suchen die demokratische Mitte.

Das Modell der monetären Demokratie entstand mittels ‚Brainstorming' in einem Debattenraum außerhalb des herrschenden politischen Systems. Es greift die bestehenden Machtstrukturen nicht an und kann unabhängig vom System überall eingeführt werden. Die politischen Entscheidungsträger, sei es die Regierung oder sei es das Parlament, haben weiterhin die volle Kontrolle. Für Europa ergibt sich der positive Effekt, dass durch die historisch gewachsene Komplexität und ‚Unregierbarkeit' ein Schritt zu einer volksnahen Demokratie gemacht wird.

8.12 Das Volk ist dumm

Die furchtbare geschichtliche Erfahrung des Nationalsozialismus hat in Deutschland zu einer Korrektur der Verfassung geführt. Ausdrücklich steht im Grundgesetz, dass die Parteien bei der politischen Willensbildung mitwirken (Artikel 21) und verpflichten sie, die freiheitliche demokratische Grundordnung zu vertreten. Die Angst vor Populismus ist in den Worten von Hanna Ahrendt ersichtlich (siehe Kapitel 4.16). Es sind in Deutschland keine Volksentscheide im Grundgesetz vorgesehen und auf Länderebene sind sie mit Quoren beschränkt (siehe Kapitel 6.3).

In Wikipedia findet sich unter dem Begriff ‚Demokratietheorie' diese Aussage: „John David Garcia bringt eines der vielen, auch von der Medienberichterstattung gestärkten, Missverständnisse über demokratische Herrschaft zum Ausdruck: „*Es ist eine grausame Form von Selbstbetrug zu glauben, dass Entscheidungen, die durch eine große Mehrheit erreicht wurden, automatisch ethisch und richtig wären.*""

Das Demokratiemodell in der Schweiz und empirische Forschungen[95] haben jedoch gezeigt, dass Abstimmungen durch das Volk rational zu bewerten sind. Rationale Entscheidungen erfüllen nicht ethische Normen, wie die Aussage ‚unschuldig schuldig werden' zeigt. Ob eine Entscheidung richtig war, kann erst in der Rückschau bewertet werden. Eine Entscheidung von vielen Menschen unterliegt jedoch nicht den parlamentarischen Zwängen. Der Fraktionszwang, das Parteibuch oder der Einfluss von Lobbyisten bestimmen im Parlament die Mehrheit.

Die monetäre Demokratie ist keine Volksabstimmung. Man kann die Angst vor der Minderheit bei der monetären Demokratie hinten anstellen. Das Dogma, wie ich die Position von Walter Lippmann nenne, dass das Volk durch eine Elite zu führen ist, kann in vielen Bereichen aufgehoben werden.

8.13 Privatisierungen sind gut

Welche Vorteile bieten private Firmen? Für den Erfolg sind mehrere Kriterien hervorzuheben:

- Qualifizierte, motivierte Mitarbeiterinnen und Mitarbeiter in einem fördernden Umfeld,
- Das Leitbild des Unternehmens muss zum dauerhaften Bestand der Unternehmung führen (z.B. 100 % Qualität, der Kunde ist König, …),

- Kreativität bei Produktneuentwicklungen,
- Interne Organisationsanpassung an geänderte Rahmenbedingungen (z.B. hierarchisches Prinzip gegen Teamwork; Nutzung neuer Techniken wie Internet ...).

Woran erkennt man den Erfolg eines Unternehmens? In den 1960er Jahren veröffentlichten die Aktiengesellschaften ihre Bilanzen einmal jährlich. Aus den USA schwappte die ¼ jährliche Veröffentlichung der Unternehmenszahlen auch nach Deutschland. Dies ist nur für Anleger sinnvoll, da sie Tendenzen des zu erwartenden Gewinnes und die Tendenz des Aktienkurses erahnen können.

Damit wurden Unternehmensbeteiligungen (Aktien) zu Spekulationspapieren. Das Gewinnmaximierungsprinzip der Anleger rückte in den Vordergrund. Die Unternehmensleitungen waren nun verpflichtet, jeweils auf die Aktienkurse zu achten.

Der Begriff der Privatisierung bekam damit zwei Bedeutungen:

- Die Privatwirtschaft arbeitet effizient, wie es mittelständische Unternehmen i.d.R. beweisen.
- Die Effizienz einer Unternehmung lässt sich am Gewinn und dem Aktienkurs ablesen.

Diese Vermengung zweier sich widerstreitenden Ansichten führten zu der Überzeugung, dass staatliche, träge handelnde Einrichtungen und öffentliche Versorgungsbetriebe in private Hände zu geben sind. Es kam zum ÖPP-Beschleunigungsgesetz (und Änderung der Verfassung Artikel 90 am 13.7.2017), das damals der Bundesfinanzminister Peer Steinbrück aufgesetzt hat. Investoren werden bei Erwerb des Grundstücks, um darauf Schulen oder Rathäuser zu errichten, von der Grundsteuer befreit und brauchen keinen Nachweis über das vorhandene Eigenkapital beizubringen[96].

Somit war der Weg für Investoren geöffnet, ihren kurzfristigen Rentabilitätsinteressen börsennotierter Unternehmen oder Unternehmensbeteiligungen freien Lauf zu lassen. Ein weiterer Grund für die umfangreichen

Privatisierungen waren die chronisch unterfinanzierten öffentlichen Haushalte. Von dem Erlös aus dem Verkauf von Sozialwohnungsbauten konnten riesige Haushaltslöcher gestopft werden. Dabei entzogen sich die Politiker der Verantwortung gegenüber der Bevölkerung. Die Verkaufsverträge, die Verträge der öffentlich privaten Partnerschaften von Toll Collect usw. sind meist geheim und der Staat wird dabei nicht selten als Geisel der Investoren missbraucht[97].

Bei der Privatisierungswelle hat sich der Bund „seit Beginn der Ära Kohl von mehr als 900 Beteiligungen auf mittelbarer und unmittelbarer Ebene getrennt. Mittlerweile verfügt er nur noch über 100 Beteiligungen oder unter 100 Beteiligungen, denn die Liste der Privatisierungsobjekte reicht von Theatern, Museen, Schwimmbäder, Hochschulen und Kliniken über städtische Wohnungsbaugesellschaften bis hin zu Wasser-, Klär- und Elektrizitätswerken[98]". Weitere konkretere Beispiele können bei Prof. Dr. Tim Engartner in seinen Vorträgen und Veröffentlichungen nachgelesen werden.

Bei den meisten Privatisierungen ist es die Folge, dass sie für die Bürgerinnen und Bürger teurer werden, als wenn sie weiterhin in der öffentlichen Hand blieben.

Die monetäre Demokratie verzichtet auf eine Gewinnmaximierung und berücksichtigt dagegen den generationenübergreifenden Zeithorizont. An den Beispielen, wie dem Ausbau des Internets (Kapitel 5.4), achtet die monetäre Demokratie auf das Primat des Grundgesetzes, überall gleiche Lebensbedingungen zu schaffen (GG Art. 72, Abs.2). Durch das Projekt mit Finanzcharakter (Anlagen) wird empfohlen, Aktien von Stromnetzbetreibern oder Elektrizitätswerke durch Wind und Sonne zu kaufen. Damit wird ein Teil der für die Zukunft notwendigen Infrastruktur dem Markt der Profitinteressen entzogen. Ebenfalls können Gemeinde und Städte die monetäre Demokratie nutzen, um Betriebe der öffentlichen Versorgung (Wasser- und Abwasserbetriebe, Stromnetze, Abfallentsorgung usw.) in die kommunale Hand zurückzukaufen.

8.14 Das Mehrheitsprinzip ist die Grundlage der Demokratie

Spricht man mit politisch interessierten Mitbürgern, so wird das Mehrheitsprinzip zum Ende als heiliges Sakrileg, als Ultima Ratio dargestellt. Am Beispiel der Türkei wurde von führenden deutschen Politikern jedoch daran erinnert, dass knapp die Hälfte der Bevölkerung gegen die Wahl von Herrn Erdogan stimmte. Bei der Volksabstimmung zum Brexit wurde die Presse mit ihrer ‚dämlichen' Propaganda der Massenblätter Daily Sun und Daily Mail kritisiert[99].

Betrachte ich die Welt, wie sie sich geschichtlich entwickelte, und die Freiheiten des Einzelnen, so komme ich vom Mehrheitsprinzip ab.

Die Geschichte hat uns im Negativen wie im Positiven gelehrt, dass Minderheiten über längere Perioden die Welt verändern. Karl Marx und Friedrich Engels schufen das Fundament für die kommunistische Ideologie, die ein ganzes Jahrhundert geprägt hat. Adolf Hitler mit seinen ‚Vasallen' entzündete den 2. Weltkrieg und den Genozid der Juden. Die Geschichte der Aufklärung brachte große Denker hervor, die die Grundlage für die Französische Revolution schufen. Auf diesen epochalen Erkenntnissen der menschlichen Evolution beruhen die Verfassungen westlich orientierter Staaten.

Sind die obigen Beispiele alle mit Blut befleckt, so ist die naturwissenschaftlich-technische Entwicklung unblutig durch Minderheiten entstanden. Die daraus resultierende industrielle Revolution erzwang Änderungen der bestehenden Machtverhältnisse. Heute steht die Menschheit wieder vor einer Revolution: Gentechnik, Big data, Industrie 4.0, KI sind die Herausforderungen. Eine Minderheit mit viel Kapital zwingt uns zu neuen Lebensformen. Die Politik hat die Aufgabe, die Weichen unserer Zukunft zu stellen. Gesetze sollen[100] die Wege der Veränderung ebnen und Auswüchse verhindern.

Dies führt direkt zu dem Mehrheitsbeschluss, der bei der monetären Demokratie ein wichtiger Bestandteil darstellt: die Ablehnung von Projekten.

Jegliche Baumaßnahme in Deutschland muss von den Behörden und anderen Gremien, wie vom Gemeinderat, genehmigt werden. Bei besonderen Konstellationen sind die Genehmigungen von Nachbarn miteinzureichen. Jederzeit können Bürger gerichtlich gegen eine Baumaßnahme vorgehen, z.B. wegen Artenschutz. Bei dem Projekt Stuttgart 21 wurde eine Volksbefragung durchgeführt, ob man das Projekt stoppen soll. Die monetäre Demokratie greift auf diese Art des Mehrheitsbeschlusses zurück: der Ablehnung von Projekten.

Die monetäre Demokratie fördert das Engagement, den Erfindergeist und den Elan von Minderheiten, die Umwelt- und Klimaprojekte realisieren wollen. Es entfällt die Zeit der nervenaufreibenden Suche nach Investoren, wie die Dokumentation über die Speicherung der erzeugten Windkraftenergie in Druckbehältern zeigt[101]. Damit werden Projekte angefasst, die generationsübergreifend wirken und von einer kapitalistisch geprägten Gesellschaft von Investoren als unattraktiv gelten müssen.

Das Mehrheitsprinzip *für* eine Sache fördert die Untätigkeit, das Mehrheitsprinzip *gegen* eine Sache verhindert Fehlentwicklungen.

8.15 Klimapolitik geht nur mit internationalen Abkommen

Der Klimawandel betrifft die ganze Erde und die ganze Menschheit. In der Charta der Vereinten Nationen ist die Souveränität der einzelnen Staaten festgelegt. Der logische Schluss daraus sind internationale Abkommen. Internationale Abkommen können jedoch jederzeit gekündigt werden und zu Krisensituationen führen. Dies sieht man beim Ausstieg der USA aus der Zielvorgabe vom Pariser Abkommen oder aus dem Vertrag mit dem Iran, der auch nur zeitlich befristet ist.

Zudem sind die einzelnen Staaten durch internationale, wirtschaftliche und finanzielle Abhängigkeiten in ihrer Handlungsfähigkeit beschränkt. Selbstverständlich sind die jeweils Regierenden ihrer eigenen Bevölkerung verpflichtet, sei es aufgrund von demokratischen Wahlen, sei es für ihren eigenen Machterhalt.

Der Kampf gegen den Klimawandel erfordert in der heutigen Zeit die Möglichkeit, dass betroffene und engagierte Menschen konkret handeln können. Ihr Wirken kann sich gegen Staaten, deren ignoranten Regierungen oder gegen das Großkapital richten. Es ist an der Zeit, diesen Minderheiten nicht nur einen öffentlichen Debattenraum zu geben, sondern auch die Möglichkeit, ihre Ideen umzusetzen. Dazu muss ihnen eine Finanzierungsquelle gegeben werden, was die monetäre Demokratie weltweit leisten kann.

Im Gegensatz zu internationalen Abkommen ist die monetäre Klimapolitik unter Berücksichtigung der Effizienz nicht gefährdet, wenn einzelne Staaten ihrer Selbstverpflichtung eines Anrechnungsbetrages nicht nachkommen können oder aus einem Abkommen aussteigen. Das Engagement kommt weder vom Kapital noch von den Regierungen einzelner Staaten – es kommt von engagierten Bürgerinnen und Bürgern.

8.16 Über die Steuergelder verfügt nur der Staat

Die öffentlichen Haushalte sind chronisch unterfinanziert. Zwischen den zuständigen Bereichen, Gemeinde, Kreis, Land, Bund, gibt es immer wieder Verteilungskämpfe. Mit diesen Verteilungskämpfen ist auch Macht verbunden. Mit dieser Macht können sich Politiker in der Öffentlichkeit präsentieren, was sie alles geleistet haben. Die Veröffentlichung der Einweihung eines Autobahnabschnittes in der Zeitung ist Werbung für sich selbst. Ein Auftritt mit einem Symbol der Raumfahrt impliziert dem Wähler, dass der Politiker zukunftsweisend die Weichen stellen kann.

Die monetäre Demokratie gibt die Verantwortung für einen Teil der Steuereinnahmen dem Volk zurück. Damit wird den Politikern zum einen Macht entzogen, zum anderen werden Kompetenzstreitigkeiten vermieden. Diese Entlastung wird die Politik effizienter gestalten können.

8.17 Zuständigkeiten von Stadt, Kreis … sind unverrückbar

Beim Straßennetz oder bei öffentlichen Schulen sind unterschiedliche Zuständigkeiten in Deutschland historisch gewachsen. Dies betrachte ich als ein praktisches Beispiel des Subsidiaritätsprinzips. Die Menschen vor Ort wissen besser, was zu machen ist.

Sobald jedoch Gelder ins Spiel kommen, gibt es ein Gerangel um die knappen Finanzen. Bei gemeinsamen finanziellen Verpflichtungen kann die Kommune gut ausgestattet sein, der Kreis ist finanziell klamm, oder umgekehrt – und die Reparatur kann nicht durchgeführt werden. Siehe hierzu das Beispiel in Kapitel 5.1.

Betrachte ich ein Mietverhältnis einer Wohnung, so sind die Mieter für die Reinigung und den Betrieb des Objektes zuständig. Auch kleinere Reparaturen können von den Mietern selbst zu zahlen sein. Für größere Sanierungen ist der Hauseigentümer in der Pflicht. Dieses Vertragsverhältnis kann auf die öffentlichen Strukturen übertragen werden. Das Straßennetz, Schulen oder auch Krankenhäuser sind für die Allgemeinheit, für das Volk. Unabhängig von den Besitz- und Eigentumsverhältnissen ist für den laufenden Unterhalt der ‚Mieter' zuständig, also die Kommune, der Kreis, das Land oder der Bund. Bei größeren Sanierungen sehe ich den Souverän, der die Einrichtung benutzt, also das Volk, in der Pflicht. Bei Planungen, die einen Strukturwandel betreffen, z.B. Schulgebäude, hat das Land immer die Möglichkeit, ein konkretes Projekt abzulehnen.

Die monetäre Demokratie gibt nicht nur die Finanzierung sondern auch die Entscheidungsgewalt dem Volk zurück. ‚Take back control', wie es in Kapitel 4.8 bezeichnet wird.

8.18 Die Alternative: Öffentlich oder privat

Bei Infrastrukturmaßnahmen stellt sich wie bei öffentlichen Dienstleistungen (siehe Kapitel 8.13) die Frage, ob die Finanzierung durch öffentliche Gelder, einschließlich einer Kreditaufnahme, oder durch private Investoren stattfinden soll. Auch ÖPPs sehe ich als ein Instrument an, das die Verantwortlichen vor die Alternative stellt: das Haus/die Straße vergammeln zu lassen oder, zu höheren Kosten, privaten Investoren (auf Zeit) zu übertragen.

Persönlich kenne ich folgende Regel: wenn ich nur eine Möglichkeit habe, so bin ich in einer Zwangssituation. Habe ich eine Alternative, so kann ich nur zwischen zwei Möglichkeiten wählen, mit den bekannten positiven wie negativen Auswirkungen. Suche ich nach einer dritten Möglichkeit, dann beginnt die Freiheit für eine Entscheidungsfindung.

Übertrage ich das auf die Politik, so ist sie durch mehrere Möglichkeiten in einer sehr viel stärkeren Position. Findet sie keine mehrheitliche Lösung in den Entscheidungsgremien, so kann sie die Infrastrukturmaßnahme als Projekt zur Abstimmung und Finanzierung in die monetäre Demokratie übertragen.

Die monetäre Demokratie hat nichts mit ‚Volkseigentum' oder Kommunismus zu tun. Die in der öffentlichen Hand liegenden Infrastrukturen können durch die monetäre Demokratie dort verbleiben.

8.19 Kofinanzierungen sind unumgänglich

Unter Kofinanzierung wird in der EU eine Subvention bezeichnet, bei der der Empfänger einen Eigenanteil zu erbringen hat. Im Jahr 2011 wurden für 6 Länder (Griechenland, Irland, Portugal, Rumänien, Lettland und Ungarn)[102] die Beteiligungssätze auf 95% angehoben, da deren Haushaltslage angespannt war.

Die Begründung für Mischfinanzierungen können z.B. die verschiedenen Zuständigkeiten zwischen Gemeinde, Kreis und Land sein (siehe Beispiel Kapitel 5.1). Der psychologische Hintergrund scheint mir jedoch der zu sein, dass bei einer Selbstbeteiligung ein eigenes Interesse des Empfängers zu erwarten ist, also weniger ‚Betrug' stattfindet. Wie in Kapitel 4.10 ausgeführt, werden Subventionen, da sie nun mal da sind, einfach ausgegeben und über den Sinn teilweise nicht nachgedacht. Dies erinnert mich an das Etat-Denken. Sind am Jahresende noch Gelder vorhanden, so werden neue Schreibtische gekauft - sonst würde im Folgejahr der Etat gekürzt werden.

Die monetäre Demokratie geht andere Wege. Für die vollständige Finanzierung wird eine Transparenz gefordert, insbesondere die Namen der verantwortlichen Personen. Nicht das Geld entscheidet, sondern die Sinnhaftigkeit eines Projektes. Gerade finanziell schwache Kommunen müssen sparen und verschieben notwendige Investitionen. Durch die Wahlstimmen der Teilnehmerinnen und Teilnehmer werden automatisch Dringlichkeit, Nutzen und Finanzierung bestimmt.

9. Quellenverzeichnis

[1] QD302: „Altruismus Versus Egoismus“, Folge 3, ARDα (26.10.2015)

[2] QD104: „Afrika, Wege aus der Armutsfalle“ Sendung MAKRO, 3SAT (25.09.2015)

[3] QD300: „Altruismus versus Egoismus“ Folge 2, ARDα (26.10 2015)
QD301: „Altruismus versus Egoismus“ Folge 1, ARDα, (26.10.2015)
QD302: „Altruismus Versus Egoismus“, Folge 3, ARDα (26.10.2015)

[4] QD112: „Die größten Baustellen Deutschlands“, Phoenix (12.10.2015)

[5] QD338: Der Europacheck, 3SAT (14.09.2018)

[6] QD339: „Hat sich die Vorstellung vom „mündigen Bürger“ überlebt?“ Prof. Dr. Rainer Mausfeld, Elitendemokratie und Meinungsmanagement, Teleakademie, SWR (02.12.2018)

[7] QD315: „Netzwerk der Mächtigen - von Schattenbanken und Megainvestoren“, Planet wissen, Interviewpartner Hans-Jürgen Jacobs, Buch: Wem gehört die Welt, ARDα (29. 07 2018)

[8] QD316: „Vorgelegter Bundeshaushalt für 2019“ Morgenmagazin ARD/ZDF (11. 09 2018)

[9] QD012: „Anleger in Not“, Sendung Makro, 3SAT (17.04.2015)

[10] QD302: „Altruismus Versus Egoismus“, Folge 3, ARDα (26.10.2015)

[11] QD309: Francis Fukojama, Autor des Buches: Political order and political decay, Square Idee, ARTE (10. 05 2015)

[12] QD334: „Ungehorsam in der Demokratie“, Sendereihe Philosophie, Arte (27.10.2018)

[13] QD327: „Kostenfalle Kanalisation“, Phoenix (26.05.2015)

[14] QD315: „Netzwerk der Mächtigen - von Schattenbanken und Megainvestoren“, Planet wissen, Interviewpartner Hans-Jürgen Jacobs, Buch: Wem gehört die Welt, ARDα (29. 07 2018)

[15] QD319: „Ausgebeutet und mishandelt - Grossbritanniens neue Sklaven“, ZDF Info, ähnliche Dokumentationen gibt es auch für Deutschland. (2017)

[16] QD312: Morgenmagazin, (07.11.2018)

[17] „Glaube und Profit", MAKRO, 3SAT (27.03.2015)

[18] QD330: „Ungleichland – wie aus Reichtum Macht wird", Story im 1., ARD (08.05.2018)

[19] QD322: „Glaube und Profit", MAKRO, 3SAT (27.03.2015)

[20] Zitat aus der Quelle QD315: „Netzwerk der Mächtigen - von Schattenbanken und Megainvestoren", Planet wissen, Interviewpartner Hans-Jürgen Jacobs, Buch: Wem gehört die Welt, ARDα (29.07.2018)

[21] QD315: „Netzwerk der Mächtigen - von Schattenbanken und Megainvestoren", Planet wissen, Interviewpartner Hans-Jürgen Jacobs, Buch: Wem gehört die Welt, ARDα (29.07.2018)

[22] QD315: „Netzwerk der Mächtigen - von Schattenbanken und Megainvestoren", Planet wissen, Interviewpartner Hans-Jürgen Jacobs, Buch: Wem gehört die Welt, ARDα (29. 07.2018)

[23] QD322: „Glaube und Profit", MAKRO, 3SAT (27.03.2015)

[24] QD322: „Glaube und Profit", MAKRO, 3SAT (27.03.2015)

[25] QD317: „Brücke wird 13 Jahre nicht gebaut", Drehscheibe, ZDF (11.09.2018)

[26] QD327: „Kostenfalle Kanalisation", Phoenix (26.05.2015)

[27] QD337: Kulturzeit, 3SAT (21.11.2018)

[28] QD313: „Update für die Demokratie", Phoenix (19.02.2018)

[29] QD338: Der Europacheck, 3SAT (14.09.2018)

[30] QD339: „Hat sich die Vorstellung vom „mündigen Bürger" überlebt?" Prof. Dr. Rainer Mausfeld, Elitendemokratie und Meinungsmanagement, Teleakademie, SWR (02.12.2018)

[31] QD341: „Deutsche Justiz - wie gefährdet ist unser Recht?" Tagesschau 24, ARD/ZDF (12.11 2018)

[32] QD338: Der Europacheck, 3SAT (14.09.2018)

[33] QD303: „Spielplatz", Sendung Drehscheibe, ZDF (14.09.2018)

[34] QD350: „Der Milliardenwahnsinn", Phönix (10.03.2015)

[35] QD338: Der Europacheck, 3SAT (14.09.2018)

[36] QD338: Der Europacheck, 3SAT (14.09.2018)

[37] QD311: „Sparen für die Rente“ MAX-Das Marktmagazin, Tagesschau 24 (26.10.2018)

[38] QD102: „Wird der Kakao knapp?“ Sendung mit Offenen Karten, ARTE (26.09.2015)

[39] QD353 „Unantastbar – Der Kampf um Menschenrechte“, ARTE (30.11.2018)

[40] QD337: Kulturzeit, 3SAT (21.11.2018)

[41] QD332: „Rechtsextremismus“, Sendung Kulturzeit, 3SAT (31.08.2018)

[42] QD313: „Update für die Demokratie“, Phoenix (19.02.2018)

[43] QD340: „Staat im Ausverkauf – Privatisierung in Deutschland“, Teleakademie, Prof. Dr. Tim Engartner, 3SAT (02.12.2018)

[44] QD313: „Update für die Demokratie“, Phoenix (19.02.2018)

[45] QD313: „Update für die Demokratie“, Phoenix (19.02.2018)

[46] QD305: „Wahlen in der Demokratie“ Kulturzeit, 3SAT (21.09.2018)

[47] QD355 „Das Dieseldesaster“, ARD (07.01.2019)

[48] QD301: „Altruismus versus Egoismus“ Folge 1, ARDα, (26.10.2015)

[49] QD339: „Hat sich die Vorstellung vom „mündigen Bürger“ überlebt?“ Prof. Dr. Rainer Mausfeld, Elitendemokratie und Meinungsmanagement, Teleakademie, SWR (02.12.2018)

[50] QD340: „Staat im Ausverkauf – Privatisierung in Deutschland“, Teleakademie, Prof. Dr. Tim Engartner, 3SAT (02.12.2018)

[51] QD326: „Die Chinesen ersticken“, Sendung mit offenen Karten, ARTE (15.05.2015)

[52] QD347: „Die Welt des Xi Jinping“, Dokumentation Frankreich 2018, ARTE (18.12.2018)

[53] QD317: „Brücke wird 13 Jahre nicht gebaut“, Drehscheibe, ZDF (11.09.2018)

[54] QD318: „Stadtentwicklung und Vermögensverwaltung“, Kulturzeit, ARTE (14.11.2018)

[55] QD349: „Spitzengespräche, Kreise, Kommunen und Land beraten Kommunalpakt“, Daten der Woche vom Sonntag, 23.12.2018, Tagesschau 24 (23.12.2018)

[56] QD323: „Windiges Geld“, Tagesschau24 (03.04.2015)

[57] QD004: „Pakt mit dem Panda“, WDR/SRW, 1Extra (27.06.2011)

[58] QD352 Sendung Plus Minus, ARD (12.11.2015)

[59] QD353 „Unantastbar – Der Kampf um Menschenrechte“, ARTE (30.11.2018)

[60] QD354 „Prima Klima?“ MAKRO, 3SAT (30.11.2018)

[61] QD356: „Ein Erfinder macht Druck für die Energiewende, Phoenix (09.08.2018)

[62] QD340: „Staat im Ausverkauf – Privatisierung in Deutschland“, Teleakademie, Prof. Dr. Tim Engartner, 3SAT (02.12.2018)

[63] QD329: „Demokratie in Not“, Planet Wissen, SWR (03.04.2018)

[64] QD329: „Demokratie in Not“, Planet Wissen, SWR (03.04.2018)

[65] QD357:https://rp.baden-wuerttemberg.de/rpk/Abt4/Ref44/Seiten/B293_Ortsumgehung_Joehlingen.aspx

[66] QD307: „Neuer Weltklimareport“ Arte Journal (08.10.2018)

[67] QD323: „Windiges Geld“, Tagesschau24 (03.04.2015)

[68] QD304: „CO_2-Belastung durch Flugverkehr“ Sendung Panorama, ARD (20.09.2018)

[69] QD351 Face to Face, „Wie sähe es aus, denn Autoabgase sichtbar wären?“, Ausgabe 11-2012/2013 Schülerzeitung der Beruflichen Schulen Bretten

[70] QD304: „CO_2-Belastung durch Flugverkehr“ Sendung Panorama, ARD (20.09.2018)

[71] QD003: „Abgefackelt“ Produktion NDR, ARTE (28.06.2011)

[72] QD003: „Abgefackelt“ Produktion NDR, ARTE (28.06.2011)

[73] QI007: Finanzierung von „Erneuerbare-Energien-Projekten in Lateinamerika und der Karibik“, BMWi-Fachveranstaltung, http://www.export-erneuerbare.de/EEE/Redaktion/DE/Veranstaltungen/2015/Infoveranstaltungen/fv-finanzierung-lateinamerika.html

[74] QI020: Desertec Foundation, http://www.desertec.org/de/

[75] QI022: „Baden in Natronlauge“ und Greenpeace Magazin 1.98 „Rostfraß an Giftgasmunition“

[76] QI022: „Baden in Natronlauge“ und Greenpeace Magazin 1.98 „Rostfraß an Giftgasmunition“

[77] QD025: "Könnes kämpft - Fassadendämmung - Das Märchen vom Energiesparen" WDR, nicht mehr in der Mediathek abrufbar (11/2014)

[78] QI021: „Wärmedämmung: Teuer, ungesund und leicht entflammbar“ http://www.br.de/nachrichten/waermedaemmung-sanierung-100.html

[79] QD301: „Altruismus versus Egoismus“ Folge 1,ARDα, (26.10.2015)

[80] QD300: „Altruismus versus Egoismus“ Folge 2, ARDα (26.10.2015)

[81] QD301: „Altruismus versus Egoismus“ Folge 1,ARDα, (26.10.2015)

[82] QD301: „Altruismus versus Egoismus“ Folge 1,ARDα, (26.10.2015)

[83] Quelle QD300 – QD302,siehe 3

[84] QD300: „Altruismus versus Egoismus“ Folge 2, ARDα (26.10.2015)

[85] QD358: Exakt – so leben wir! Geben oder Nehmen?, Tagesschau24 (20.12.2018)

[86] QD355 Die Story: Die geheimen Machenschaften der Ölindustrie „Wie Energiekonzerne den Klimawandel vertuschen“ (WDR 2017) Tagesschau24 (06.01.2019)

[87] QD303: „Spielplatz“, Sendung Drehscheibe, ZDF (14.09 2018)

[88] QD300: „Altruismus versus Egoismus“ Folge 2, ARDα (26.10.2015)

[89] QD301: „Altruismus versus Egoismus“ Folge 1,ARDα, (26.10.2015)

[90] QD339: „Hat sich die Vorstellung vom „mündigen Bürger“ überlebt?“ Prof. Dr. Rainer Mausfeld, Elitendemokratie und Meinungsmanagement, Teleakademie, SWR (02.12.2018)

[91] QD300: „Altruismus versus Egoismus“ Folge 2, ARDα (26.10.2015)

[92] QD315: „Netzwerk der Mächtigen - von Schattenbanken und Megainvestoren“, Planet wissen, Interviewpartner Hans-Jürgen Jacobs, Buch: Wem gehört die Welt, ARDα (29.07.2018)

[93] QD308: „Klimawandel“, Kulturzeit, 3SAT (26.03.2015)

[94] QD339: „Hat sich die Vorstellung vom „mündigen Bürger“ überlebt?“ Prof. Dr. Rainer Mausfeld, Elitendemokratie und Meinungsmanagement, Teleakademie, SWR (02.12.2018)

[95] QD339: „Hat sich die Vorstellung vom „mündigen Bürger“ überlebt?“ Prof. Dr. Rainer Mausfeld, Elitendemokratie und Meinungsmanagement, Teleakademie, SWR (02.12.2018)

[96] QD340: „Staat im Ausverkauf – Privatisierung in Deutschland“, Teleakademie, Prof. Dr. Tim Engartner, 3SAT (02.12.2018)

[97] QD340: „Staat im Ausverkauf – Privatisierung in Deutschland“, Teleakademie, Prof. Dr. Tim Engartner, 3SAT (02.12.2018)

[98] QD340: „Staat im Ausverkauf – Privatisierung in Deutschland“, Teleakademie, Prof. Dr. Tim Engartner, 3SAT (02.12.2018)

[99] QD338: Der Europacheck, 3SAT (14.09.2018)

[100] QD359: https://ec.europa.eu/social/main.jsp?langId=de&catId=325&newsId=1061&furtherNews=yes

[101] QD356: „Ein Erfinder macht Druck für die Energiewende, Phoenix (09.08.2018)

[102] QD359: https://ec.europa.eu/social/main.jsp?langId=de&catId=325&newsId=1061&furtherNews=yes